이재원 변호사의

이야기
명판결

2

이재원 변호사의
이야기 명판결 2 바른길 Law

초판1쇄	2024년 10월 31일	**펴낸이**	조윤재	
		펴낸곳	꽃피움북스	
		등록번호	제2023-000165호 (2023.12.27)	
법률 해석	이재원	**주소**	서울 송파구 위례서로 252 (우 05790)	
전래동화	조문현	**팩스**	02-6499-0300	
그림	이다얀	**홈페이지**	www.cotepium.com	
교정	이어도	**메일**	cotepium@naver.com	
편집	프롬먼데이	**블로그**	blog.naver.com/cotepium	
북디자인	김정환	**인스타**	cotepiumbooks	
		ISBN	979-11-988284-2-2 (74800)	
			979-11-988284-0-8 (세트)	

ⓒ 이재원 조문현 꽃피움북스, 2024

이 책의 글과 그림의 일부 또는 전부를 재사용하려면 반드시 저작권자의 동의를 얻어야 합니다.
KC표시는 이 제품이 공통안전 기준에 적합하였음을 의미합니다.
[바른길 Law]는 옛이야기에 법률해석을 적용한 책 시리즈입니다.

2

차례

1

꼬부라진
할미꽃

12쪽

2

수수씨
재판

22쪽

3

효성스러운
수양아들과 며느리

32쪽

4

아버지를 구한
슬기로운 딸

42쪽

5

솥 작다
소쩍새

52쪽

6

외통수 부자와
이커서니 머슴

60쪽

7

비단값은
갈대 자루로

72쪽

8

두루뭉수리와
꿀 강아지

80쪽

9

대장장이와 목수
이사 보내기

92쪽

10

천 냥 내기
거짓말

100쪽

11	12	13	14	15
원숭이 재판	앞 못 보는 신통방통이와 삼백 냥	잔꾀 부린 소장수	고양이와 네 명의 목화장수	대장장이와 칼과 도끼
110쪽	120쪽	132쪽	144쪽	152쪽

16	17	18	19	20
거지 노인과 내기 바둑	나뭇잎 하나의 욕심	망두석 곤장 때리기	달빛을 산 어리석은 사또	권세에 굽히지 않는 판결
162쪽	172쪽	184쪽	196쪽	206쪽

법이 어려운 게 아니구나!

아무도 없는 별나라에서 혼자 산다면 어떨까요? 하고 싶은 대로 해도, 누가 뭐라 하는 사람이 없을 것입니다. 하지만 사람은 평생 가족이나 이웃, 학교, 회사, 나라 안에서 살게 마련이지요. 이처럼 사람은 여러 형태의 사회에서 서로 어울려 살아야 하므로 '질서' 또한 필요해요. 모두 행복하고 편안하게 살기 위해서죠. 그래서 사람들은 그 질서를 지키려고 예절, 관습, 도덕, 규칙 등을 만들어 놓았어요.

이러한 것들을 모두 잘 지킨다면, 법은 필요하지 않을 거예요. 하지만 남에게 피해 주지 않고 도와주려는 사람도 있지만, 힘으로 남을 누르고 나쁜 꾀를 써서 자기만 잘 살려는 사람도 있어서 법이 필요하지요. 이런 사람들 때문에 피해 보는 사람들은 누구일까요? 힘이 약하거나, 착해서 남을 의심할 줄 모르거나, 법률에 대한 기본 지식이 없는 사람일 수 있어요.

"이재원 변호사의 이야기 명판결"에는 여러 가지 흥미로운 사건과 지혜로운 판결이 들어 있는 옛이야기를 골라 실었어요. 그리고 이야기 뒤에는 여러분들이 궁금해하는 질문을 뽑아, 법률에 바탕을 두어 답변해 놓았어요.

법률 중에는 예나 지금이나 변함이 없는 것도 있고, 시대에 따라 달라진 것도 있어요. 이야기 속 사건이 옛 법률과 오늘날의 법률에 따라 각각 어떻게 해석되는지, 잘못하였을 때 어떤 벌을, 얼마나 받아야 하는지 알기 쉽게 써 놓았지요. 또한 억울한 일을 당했을 때는 어떤 보상을, 어떻게 받을 수 있는지도 자세히 소개해 놓았어요.

　아무쪼록 어린이들이 이 책을 재미있게 읽었으면 좋겠어요. 그리고 나서, '법이 어려운 게 아니구나!', '법으로 정해 놓은 거랑 내 생각이랑 비슷하구나!' 하고 느낄 수 있었으면 좋겠습니다.

　혹시 여러분 중에 "변호사 아저씨, 이 책 덕분에 법이 왜 필요하고, 내가 왜 법을 지켜야 하는지 좀 더 쉽게 알게 되었어요."라고 말해 줄 사람이 생길까요? '그런 사람이 한 명이라도 있었으면' 하는 마음으로, 이 책을 여러분 앞에 내어놓습니다.

변호사 이재원

행복하게 사는 법

힘센 친구가 힘이 약한 친구를 함부로 대합니다. 힘이 약한 친구가 "이런 법이 어디 있어?" 하면, 힘센 친구는 "여기 있어."라고 말해요. 하지만 분명한 것은 우리가 사는 세상에 그런 법은 없다는 거예요. 왜 그럴까요?

이 책을 읽으면서 왜 그런 법이 없는지, 법은 왜 만들어졌는지 이해하게 될 거예요. 그리고 다툼이 있을 때, 사람들의 어떤 행동이 부당하며, 어떻게 행동하는 것이 공정한지 판단할 힘이 생길 거예요. 판단력이 있어야 자신의 삶을 주도적으로 살면서, 옳은 선택과 결정을 하게 됩니다.

옛이야기 중에는 사람 사이의 갈등과 문제를 해결해 나가는 이야기가 많아요. 먼저, 해학과 유머가 가득한 옛이야기를 마음껏 즐겨 보세요. 가족, 이웃, 친구들과 역할을 맡아서 다른 사람의 입장이 되어 봐요. 그러면 그동안 몰랐던 다른 사람의 관점에서 상황을 통찰하는 힘이 생길 거예요. 통찰력이 있으면 다른 사람의 삶도 존중하면서, 더 나은 판단을 하게 됩니다.

문제를 해결하는 데 꼭 한 가지 정답만 고집할 필요는 없어요. 여러 사람의 지혜를 모아 사또와 다르게 해결하고 판결해 보아요.

이야기 뒤에 소개하는 법률적인 판단을 참고해 보면 해결하는 것이 어렵지 않을 거예요. 그러면서 조상들이 옛이야기 속에서 우리 어린이에게 꼭 전하고 싶었던 간절한 마음이 무엇인지 느낄 수 있기를 바라요.

  이제 어려운 문제를 누가 해결해 주기를 바라지 말고 스스로 생각해서 풀어 보세요. 화나도 상대방을 때리거나 욕하는 대신, 한발 물러서서 서로에게 생각할 시간을 주어보세요. 그 후에 예의 있게 자기 생각을 밝힙니다. 윗사람과 아랫사람, 남자와 여자 어느 한쪽의 권리만 내세우는 대신, 각자가 지켜야 할 의무와 상대방의 권리를 인정하는 것이지요. 잘못한 사람을 무조건 벌하는 대신, 그 상황과 행위에 알맞은 용서와 마땅한 대가를 치르게 하는 것입니다. 그러다 보면 세상에서 가장 기본이 되는 중요한 법을 스스로 깨닫게 될 거예요. 그 법이 뭐냐고요? 바로 '함께 행복하게 사는 법'이지요.

작가 조문현

이야기
명판결

2

1
꼬부라진 할미꽃

어느 마을에 할머니와 세 손녀가 살았어.
할머니는 부모 없이 자라는 손녀들이 무척 가여웠어.

"무슨 일이 있어도 너희들만은 고생 안 시키고 키우마!"

할머니는 낮에는 온종일 남의 집 밭일을 해주고,
밤에는 새벽닭이 울 때까지 삯바느질했어.
그리고 그 돈으로 세 손녀를 금이야 옥이야 키웠어.
밤낮으로 일하느라 할머니의 머리는 점점 세고,
허리는 더욱 꼬부라져 *외꼬부랑이가 되었어.
그리고 세월이 흘러, 세 손녀는 시집갈 나이가 되었지.
큰손녀는 지위가 높은 **벼슬아치 집에 시집보냈어.

- **외꼬부랑이**: 못생기게 비틀어지고 꼬부라진 오이
- **벼슬아치**: 벼슬(관청에 나가 나랏일을 맡아 다스리는 자리)에 있는 사람

"첫째야! 네가 벼슬 높은 집에 가면 대접 받을 테니,
이제는 한시름 놓았구나."

둘째 손녀는 소금을 파는 재주꾼 집으로 시집보냈어.

"둘째야! 너는 재물 많은 집에 가면 굶지 않을 테니,
이제는 안심이구나."

막내 손녀는 농사를 짓는 성실한 농부 집으로 시집보냈지.

"막내야! 너는 도리를 아는 집에 가면 서로 위할 테니,
이제는 걱정 없구나."

그런데 외꼬부랑이 할머니는 세 손녀를 시집보내느라
있는 살림 없는 살림 다 팔아 버렸어.
그래서 보리죽 한 끼 먹기도 힘든 형편이 되었지.
게다가 허리가 꼬부라지고 기운도 없어서,
남의 집 일을 더 이상 할 수 없었어.
'후유! 어쩌면 좋을꼬?
이제는 나 혼자 힘으로는 도저히
살 수가 없으니!

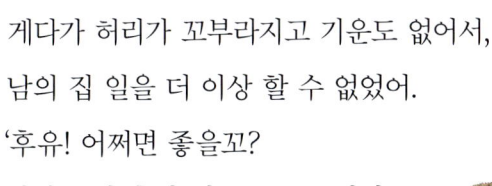

죽기 전에 마지막으로 손녀딸들 얼굴이라도
한번 보고 와야겠다.'
외꼬부랑이 할머니는 지팡이를 짚고
강가에 있는 큰손녀의 집에 찾아갔어.

"할머니! 그런 꼴로 우리 집에 오시면 어떡해요?
시집 식구들 눈에 띄면 무슨 창피예요?"

큰손녀는 대문 앞에서 주위를 두리번거리며,
혹시 누가 볼까 봐 안절부절못했어.

"미안하다. 이 못난 할미 때문에
네가 망신을 당해서야 되겠느냐?"

문 앞에서 쫓겨나다시피 한 할머니는 서러웠어.
그래도 큰손녀를 위해 서둘러 길을 떠났어.
그리고 간신히 열두 고개를 넘어
바닷가 둘째 손녀의 집에 찾아갔지.
둘째 손녀는 외꼬부랑이 할머니를 보자마자
얼른 하인들이 쓰는 구석방으로 모시고 갔어.
그러더니 하인을 시켜 찬밥 한 그릇을 내왔어.

"할머니! 어서 드시고 빨리 가세요.
곧 시아버님이 오실 시간인데,
이런 꼴로 마주치면 좋을 게 없잖아요!"
"그래, 알았다.
이 못난 할미 때문에 네가 곤경에 처해서야 되겠느냐?"

외꼬부랑이 할머니는 서러움에 목이 메어
밥 한술 못 뜨고 허둥지둥 떠났어.

"막내 손녀만은 나를 쫓아내지 않을 거야."

막내 손녀가 사는 산골까지 가려면,
외꼬부랑이 할머니는 또다시 열두 고개를 넘어가야 했어.
외꼬부랑이 할머니는 지팡이를 짚고
휘몰아치는 눈보라 속을 쉬지 않고 걸었어.

마지막 고개에 올라서자,
막내 손녀가 사는 마을이 내려다보였어.
그러나 할머니의 온몸은 이미 꽁꽁 얼고,
기운은 다 떨어져 더 이상 걸을 수 없었어.

"아가! 아가! 할미가 왔다!"

외꼬부랑이 할머니는 애타게 손녀를 부르다
그 자리에 쓰러지고 말았어.
그때 막내 손녀는 늘 혼자 계신 할머니를 걱정하고 있었어.

"이 추위에 할머님께서 잘 계신지 다녀와야겠어."

마침 눈보라가 그치자,
막내 손녀는 할머니를 만나러 집을 나섰어.

그런데 고갯마루에 이르러 살펴보니,
할머니가 꽁꽁 얼어 쓰러져 있는 것이었어.

"할머니! 이게 웬일이세요?
저를 만나러 여기까지 오셨다가 이렇게 되셨군요. 흑흑!"

막내 손녀는 슬피 울며 할머니를 흔들어 깨웠지만,
할머니는 이미 숨을 거둔 뒤였지.

막내 손녀는 할머니를 양지바른 곳에 묻어 드렸어.
이듬해 봄이 되자, 할머니 무덤에는
한 번도 보지 못했던 꽃이 피어났어.
그런데 그 꽃은 신기하게도 할머니를 꼭 닮아 있었어.
줄기는 외꼬부랑이 할머니가 꾸부정하게
허리를 구부리고 아랫마을을 내려다보는 모양이었지.
또 꽃잎에는 할머니의 머리처럼 하얀 털이 가득 나 있었어.

"할머니는 돌아가셔서도 손녀들이 보고 싶어
이런 꽃이 되신 거야."

그 후로 사람들은 이 꽃을 '할미꽃'이라고 불렀지.
그리고 이 꽃을 볼 때마다 세 손녀를 위해
평생을 바친 외꼬부랑이 할머니의 모습을 떠올렸대.

변호사가 되어 함께 해결하기

보살필 사람이 아무도 없는 친할머니를 돌보지 않아도 될까요? 아니면 반드시 돌봐 드려야 할까요?

우리 **민법**에 따르면 부모와 자식, 조부모(할아버지, 할머니)와 손자, 손녀 등의 사이에 서로 보살펴야 할 의무가 있어요. 가족을 보살펴야 할 의무가 있는 사람이 보살피지 않고 내버려 두면, 형법에 따라 '**유기죄**'가 되지요. 유기란 나이, 질병 등으로 도움이 필요한 사람을 돕지 않고 내버려 두는 행위를 말해요.

그렇다면 도움이 필요한 사람을 도와주지 않는 모든 사람이 유기죄로 처벌받을까요?

그렇지 않아요. 우리 형법에 따르면 도와주지 않아서 처벌받는 사람을, 법률상으로나 계약상으로 도울 의무가 있는 사람으로 한정하고 있어요. 할머니는 법률상 손자, 손녀를 도울 의무가 있고, 어린이의 수영 선생님은 **계약상 의무**가 있어요.

특히 보살핌을 받을 사람이 부모나 조부모일 경우에 **유기죄**는 더욱 무겁게 처벌합니다. 일반 **유기죄**는 3년 이하의 징역 또는 500만 원 이하의 벌금을 물지만, 부모 또는 조부모를 보살피지 않고 내버려 두면 10년 이하의 징역 또는 1,500만 원 이하의 벌금을 물게 해요.

이 이야기에서 할머니는 세 손녀 외에 자식, 손자, 손녀가 없었어요. 따라서 할머니가 혼자 살 수 없는 형편이라면, 세 손녀 모두 할머니를 돌볼 의무가 있습니다. 그런데도 일할 힘도 없는 할머니를 돌보지 않고 쫓아낸 큰손녀와 둘째 손녀는, 오늘날의 법대로라면 **존속 유기 등의 죄**로 처벌받아 마땅해요.

돌봐줄 사람이 없는 외할아버지, 외할머니도 보살펴야 할까요?

맞습니다. 손자, 손녀라면 친할아버지, 친할머니와 외할아버지, 외할머니를 구별하지 않고 모두 돌봐 드려야 할 의무가 있어요.

존속유기죄를 무겁게 처벌하는 이유가 무엇일까요?

부모와 조부모를 유기하거나 방치하는 행동은 심각한 범죄 행위일 뿐 아니라 윤리적으로도 용납될 수 없는 행동이기 때문이에요. 노인을 존중하고 보호하며, 가족 간에 유대감이 있고 서로 돌보아야 가정과 사회가 건강하게 유지될 수 있어요.

2
수수 씨
재판

옛날 어느 마을에 이 씨와 정 씨, 두 선비가 있었어.
두 선비는 세상에 둘도 없이 친한 친구였지.

"여보게, 우리 생일이 한날한시라서 그런지,
꼭 쌍둥이 형제 같지 않은가?"
"그렇고말고! 우리 평생 서로 한 형제처럼 지내세."

이 씨와 정 씨는 혼인하고도 윗집, 아랫집에 살며
사이좋게 지냈어.
그런데 이 씨는 아들을 셋이나
낳았지만, 정 씨에게는 웬일인지
자식이 생기지 않았지.

"자네는 *오롱이조롱이 아들 삼 형제나 두었으니,
얼마나 좋은가? 정말 부럽네."
"너무 상심하지 말게.
이번에 또 아들을 낳으면 자네에게 주겠네.
이 일은 알려져서 좋을 게 없으니,
자네하고 나만 아는 비밀로 해 두세."

이 씨는 정 씨를 동정하여
정 씨의 아내가 임신한 척 꾸미게 했어.
그리고는 아무도 모르게 아들을 낳아 양아들로 주었어.
정 씨는 이 아들이 너무나 소중해서,
**금이야 옥이야 ***애지중지 온갖 정성을 다해 키웠어.
그래서인지 정 씨의 아들은 효성이 지극할 뿐만 아니라,
자랄수록 더욱 총명해졌어.
그리고 마침내 과거 시험에 일찍이 장원 급제까지 하였지.
한편 이 씨의 세 아들은 밤낮 불효를 저질렀고,
날이 갈수록 점점 말썽만 피웠어.

- **오롱이조롱이**: 오롱조롱하게 각기 달리 생긴 여럿을 이르는 말
- **금이야 옥이야**: 무엇을 다루는 데 매우 애지중지하여 금이나 옥처럼 귀중히 여기는 모양을 비유적으로 이르는 말
- **애지중지**: 매우 사랑하고 소중히 여기는 모양

그리고 과거 시험에는 번번이 *바닥 첫째로 떨어졌지.
'아무래도 내 아들을 다시 되찾아야겠다.'
마음이 달라진 이 씨는, 어느 날 정 씨를 찾아가
은근히 자기 아들을 되돌려달라는 뜻을 비쳤어.

"흠! 우리 아들이 높은 벼슬을 하고도,
이 아비한테 찾아와 인사도 하지 않다니!
이럴 수가 있는 것인가?"

이 씨의 말을 들은 정 씨는,
하늘이 무너지는 듯 눈앞이 캄캄했어.
'우리 애가 없으면 내가 무슨 보람으로 산다는 말인가?
그렇다고 친부모의 말을 모른 척할 수도 없고!'

● **바닥 첫째**: '꼴찌'를 나타내어 비웃음

정 씨는 사랑하는 아들을 잃을지 모른다는 생각에,
마음의 병을 얻어 그만 자리에 눕고 말았지.

"아버님! 무슨 일이십니까?
제가 불효한 일이 있으면 어서 말씀해 주십시오."

아들의 눈물 어린 부탁에,
정 씨는 더 이상 숨기지 못하고
그동안 있었던 사실을 말해 주었어.

"너를 낳아주신 분은 따로 있으시다.
이제 너를 찾고자 하니, 어찌하면 좋겠느냐?"
"아버님, 그 일이라면 아무 걱정하지 마시고
제게 맡겨 주십시오."

며칠 후, 정 씨의 아들은 아버지의 친구들을
모두 초대하여 잔치를 베풀었어.
그리고 잔치가 무르익어 °이야기판이 벌어지자,
양아들은 이야기를 꺼냈어.

"제가 옛날이야기 하나 들려 드리겠습니다.
어떤 사람이 자기 밭에 수수 씨를 뿌렸습니다.
그런데 바람이 불어 수수 씨가 아래 콩밭으로도 날아갔습니다."
"그럴 수도 있겠지."
"아래 콩밭 임자는 수수 싹을 뽑지 않고,
정성껏 거름을 주며 잘 길렀습니다."
"농부라면 당연히 그럴 거야."

● **이야기판**: 여러 사람이 모여 이야기꽃을 피우는 판

"그 덕분에 그 싹이 자라서
수수 이삭이 통통하게 여물었습니다.
그랬더니 위의 밭 주인이 그 수수가 탐나,
베어 가려고 했습니다."
"그래서 어떻게 되었는가?"
"아래 콩밭 주인도 '내 밭에서 키운 걸 왜 베어 가려 하느냐?'
라고 했지요.
그러자 위의 밭 주인은 '이 씨는 내 것이 아니냐?'
라고 하여 재판하게 되었습니다.
이 수수는 과연 누구의 것이겠습니까?"
"글쎄……."

잔치에 온 손님들은 고개를 갸우뚱거리며
정 씨의 아들에게 물었어.

"자네 같으면 어떻게 판결하겠는가?"
"남의 밭에 씨가 들어갔다고 씨의 임자가 그 결실을 거둔다면,
씨만 뿌리고 살지 누가 밭에 매달려
정성을 다해 기르겠습니까?
씨 임자보다 기른 사람이 거두는 것이 도리가 아닌지요?"
"옳거니!"

손님들은 모두 머리를 끄덕였어.
이 말을 듣고 있던 이 씨 또한 아들의 마음을 알게 되었어.
그리고 그 후로는 자기 아들을 돌려달라는 말을
더 이상 꺼내지 못했대.

변호사가 되어 함께 해결하기

입양 절차는 어떻게 이루어질까요?

입양하려면 먼저 양자가 될 사람과 양부모가 될 사람들이 입양에 대해 협의한 뒤, 시(구), 읍, 면의 장에게 입양 신고를 마쳐야 해요. 그런데 양자가 될 사람이 15세 미만이면, 법이 정한 **대리인**(일반적으로 친부모)이 양자가 될 사람을 대신하여 입양을 승낙해요. 이 씨의 넷째 아들은 갓난아기여서, 이 씨 부부와 정 씨 부부가 협의하여 입양이 이루어졌겠군요. 일단 입양된 아이는 정 씨 부부의 친아들 지위를 갖게 되지요. 그래서 아이의 재산이나 신분을 결정할 수 있는 **친권**과 아이를 보호하고 기르는 **양육권**은 양부모에게 있어요.

이 씨는 자기 아들을 정 씨에게 양자로 주었어요. 그런데 나중에 이 씨의 마음이 바뀌었을 때 아들을 다시 찾아올 수 있을까요?

일단 적법하게 이루어진 입양을 취소하고 아들을 되찾아오는 것은 법적으로 매우 어렵습니다. 양부모의 동의 없이는 사실상 불가능하다고 볼 수 있어요. 따라서 양부모와의 원만한 협의를 통해 해결책을 찾는 것이 가장 현실적인 방법일 것입니다.

양자는 정 씨 부부의 자식이지만 그 아이가 친부모인 이 씨 부부의 아들인 지위도 여전히 남아 있어요. 따라서 양자가 된 사람은 양부모나 친부모 모두 부모이므로, 어느 한쪽만 부모로 생각해야 하는 데 따른 고민은 할 필요가 없어요.

양부모와 양자가 파양을 신청할 수 있을까요?

입양 후 양친자 관계를 해소하는 것을 '**파양**'이라고 해요. 파양은 양부모와 양자가 협의하여 할 수 있어요. 입양하였다가 친부모나 양부모의 마음이 변했다는 이유로 입양이 해소된다면 어떨까요? 양자 입장에서는 하루아침에 친권자와 양육자가 바뀐 것입니다. 양자는 매우 혼란스러울 것이고 특히 양자가 미성년자라면 충격이 크겠지요. 그래서 신분이 변동되는 입양을 해소할 때는 더욱 신중하여야 해요.

    입양제도는 양자의 복리를 최우선으로 하는 제도예요. 그래서 양자가 미성년자라면 **파양**은 협의가 아닌 재판을 통해서만 할 수 있어요. 양자가 양부모로부터 심하게 부당한 대우를 받은 경우, 또 양부모가 양자로부터 심하게 부당한 대우를 받는 등의 사유가 발생하면, 제한적으로 재판을 청구할 수 있습니다.

3
효성스러운 수양아들과 며느리

어느 부지런한 *만석꾼에게 딸 둘이 있었어.
만석꾼은 두 딸을 만지면 터질세라 불면 날아갈세라,
잘 키워 시집보냈어. '두 딸을 시집보내고 나니,
집안이 다 텅 빈 것 같군!' 쓸쓸하고 허전했던 만석꾼은,
부모 없는 사내아이를 데려와 수양아들로 삼았어.
그리고 수양아들이 자라자, 며느리를 보게 되었지.
그러자 두 딸은 나중에 수양아들과 며느리에게 아버지의
재산이 돌아갈까 걱정됐어. 그래서 허겁지겁 달려왔어.

"아버지! 친자식도 아니니, 며느리인들 아버지께 잘하겠어요?"
"재산까지 물려주셨다가 나중에 괜히 박대당하지 마시고,
이 기회에 양식만 조금 줘서 내보내세요."

● **만석꾼**: 곡식 만 섬가량을 거두어들일 만한 논밭을 가진 큰 부자를 비유적으로 이르는 말.

두 딸의 말을 듣고 보니, 만석꾼도 더 늙으면
아무래도 친딸인 두 딸과 사는 것이 나을 듯싶었지.

"내게 두 딸이 있으니, 너희는 괜히 날 모시려고
수고하지 말고 나가서 편히 살아라!"

수양아들과 며느리를 억지로 내보낸 뒤, 만석꾼은
늙은 아내와 둘이 살았어. 그러다가 나이 들고 몸도 약해지자,
만석꾼은 시집간 딸들이 몹시 보고 싶어졌어.
그리고 이참에 재산도 물려주어야겠다고 생각했지.
그래서 먼저 큰딸 집에 가 보니, 큰딸은 마침 방에서
혼자 베를 짜고 있었어.

"애야! 아비가 왔다."

만석꾼은 반가워 달려갔지만,
큰딸은 베틀에서 내려올 생각도 하지 않고 입으로만 인사했어.

"아버지, 언제 오셨어요? 왜 하필 제가 제일 바쁠 때 오셨어요?
이 베를 다 짜야 하니, 좀 기다리세요."

그러더니 점심때가 되었는데도, 큰딸은 밥 지을 생각도 하지
않았어. 만석꾼은 할 수 없이 돌아서며 말했지.

"애야. 네가 너무 바쁜 것 같으니, 그만 가 봐야겠구나."
"어휴, 글쎄 베틀에 한 번 오르내리는 게
여간 어려운 일이 아니에요."
"널 봤으니 됐다. 그럼, 잘 있거라."

만석꾼은 서글픈 마음을 달래며 작은딸 집에 갔어.
마침 작은딸은 점심상을 차리고 있었지.

"애야! 아비가 왔다!"

만석꾼이 반갑게 불렀지만,
작은딸은 부엌에서 나올 생각도 하지 않고 힐끗 쳐다만 보았어.

"어휴, 아버지! 이렇게 불쑥 찾아오시면 어떡해요? 밥 남은 것이
없으니 어쩌나? 또 새로 밥을 지어야 하니, 좀 기다리세요."

그러더니 작은딸은 괜히 그릇만 떨그럭거리며
힘든 척 ˚느럭느럭 움직였어.

"애야. 네가 너무 힘든 것 같으니, 그만 가 봐야겠구나."
"어휴, 글쎄 새로 쌀을 일어 밥 짓는 것이 여간 힘든 일이 아니에요."
"너를 봤으니 됐다. 그럼, 잘 있거라."

만석꾼은 빈속에 허기도 지고 기운도 없어,
돌아오는 길에 수양아들 집에 들렀지.

"아이고, 아버님! 어서 오세요."

며느리는 만석꾼이 부르기도 전에,
마당에서 베 짜던 것을 내던지고 큰절부터 올리는 것이었어.

"애야. 베를 매다 말면 못 쓰게 되니, 천천히 해라."

● **느럭느럭**: 말이나 행동이 매우 느린 모양

그러나 며느리는 부엌으로 달려가,
어느새 씨암탉을 잡고 쌀밥을 지어 정성껏 점심상을 차렸지.
며칠 동안 대접을 잘 받고 돌아온 만석꾼은,
자기가 죽은 것처럼 딸과 며느리 집에 거짓 •부고를 보냈어.

• 부고: 사람이 죽었을 때 그 죽음을 알리는 글

그리고 병풍을 치고, 병풍 뒤에 죽은 체하고 누워 있었어.
수양아들과 며느리는 달려와, 자기들이 잘 모시지 못한
탓이라며 진심으로 후회했어. 그런데 큰딸은
헐레벌떡 달려오더니, 거짓으로 땅을 치며 꺼이꺼이 울었어.

"아이고, 아버지! 이게 어찌 된 일이에요?

지난번에 우리 집에 오셨을 때,
제가 베 짜다 말고 버선발로
내려가 큰절을 올리고,
씨암탉을 잡고 쌀밥을 지어
한 상 가득 차려 드렸더니,
맛있게 드시고는 큰딸이 제일이라 하셨지요. 아이고, 아버지!
그리고 제가 급히 찹쌀떡을 해서 한 보자기 싸 드렸더니,
'너는 어쩌면 그렇게도 이 아비 마음을 잘 아느냐?
이 아비도 받았으니 네게 갚아야겠구나.
우리 집 앞의 논을 모두 네게 주마.'라고 하셨지요.
아이고, 아버지!"

곧이어 작은딸이 허겁지겁 달려와,
거짓으로 쓰러지며 눈물을 펑펑 쏟았어.

"아이고, 아버지! 며칠 전 우리 집에 오셨을 때, 제가 일하다
말고 송아지를 잡고 찰밥을 지어 한 상 가득 차려 드렸더니,
맛있게 드시고는 작은딸이 최고라 하셨지요. 아이고, 아버지!
그리고 제가 서둘러 약주와 고기 안주를 마련하여
푸짐하게 싸 드렸더니, '너는 어쩌면 그렇게 이 아비를 위해
주느냐? 이 아비도 네게 갚아야겠구나.

재 너머 논밭은 다 네게 주마.'라고 하셨지요.
아이고 아버지!"

그러자 이 소리를 듣고 있던 만석꾼은 더 이상 참을 수가 없어,
와당탕퉁탕 병풍을 걷고 나와 버럭 호통을 쳤어.

"뭣이? 어쩌고 어째? 너희들이 언제 씨암탉과 송아지를 잡아
주었으며, 내가 언제 논이며 밭이며 준다고 했더냐?"

깜짝 놀란 두 딸은 그래도 부끄러운 줄 모르고
•옹잘옹잘 중얼거렸어.

"아버지가 거짓으로 돌아가신 체하셨으니,
저희도 거짓으로 그래본 것뿐이에요."

그래서 만석꾼은 모든 재산을
수양아들과 며느리에게 물려주었어.
그리고 지극한 효도를 받으며 오래오래 살았대.

● **옹잘옹잘**: 불평이나 원망을 입속말로 혼자 자꾸
 말하는 것

변호사가 되어 함께 해결하기

재산 상속제도가 시대에 따라 어떻게 변했는지 알아봅시다.
또 왜 변했을까 생각해 봐요.

상속제도는 나라와 시대에 따라 달라요. 우리나라만 해도 고구려 시대에는 형제상속이 원칙이었어요. 형이 죽으면 자식들이 아닌, 동생이 상속받았지요. 그 후 형제상속에서 부자상속으로 관습이 바뀌어, 부모가 죽으면 자식들이 그 재산을 상속받았어요. 고려시대나 조선시대 중기까지는 아들과 딸 구별 없이 평등하게 상속받았어요. 그런데 조선시대 후기부터 우리 **민법**이 만들어지기 전까지는 맏아들이 재산 대부분을 상속받았어요. 그 시절에는 아버지가 죽기 전에 재산 일부를 딸들에게 나누어줄 수는 있었지만, 그렇게 하지 않았어요. 그래서 아버지가 죽었을 때 딸들은 전혀 상속받지 못했어요.

그러나 현재 우리 **민법**에 따르면, **재산상속**은 아들과 딸, 맏아들과 작은아들을 구별하지 않고 똑같은 몫으로 상속되지요. 법이 왜 이렇게 바뀌었을까요? 어느 한 명에게만 재산을 물려주는 것은 **평등의 원칙**에 어긋나기 때문입니다.

상속권자인데도 상속받지 못하는 경우가 있어요. 어떤 경우일까요?

고의로 직계 존속(부모, 조부모), 피상속인(상속재산을 물려줄 사람), 함께 상속받을 사람이나 그 배우자 등을 죽이거나 죽이려고 한 사람, 고의로 위 사람들을 다치게 하여 죽게 한 사람, 그리고 속이거나 겁을 주어 상속에 관해 유언하게 하거나 방해한 사람, 유언장을 위조하거나 변경하거나 없앤 사람은 상속받을 수 없어요.

    이렇게 상속받을 수 없는 사람은 유언에 있는 대로 재산을 물려받을 수도 없어요. 또 이미 재산을 상속받았거나 유언으로 재산을 물려받았다고 해도, 이러한 사실이 드러나면 물려받은 재산을 다른 상속인에게 돌려주어야 해요.

자식이 상속재산 외에 추가로 기여분을 받는 경우가 있어요. 어떤 경우일까요?

자식이 오랫동안 부모와 같이 살거나 간호를 하는 등 특별히 부양한 경우, 부모가 재산 유지 또는 증가에 특별히 기여한 경우, 상속분에 기여분을 더한 금액을 받을 수 있어요.

4
아버지를 구한 슬기로운 딸

어느 고을에 재물 욕심 많은 사또가 새로 부임해 왔어.
사또는 첫날부터 아전들을 불러,
백성들의 재산을 빼앗을 궁리를 했어.

"여봐라! 이 고을에 나보다 더 부자인 사람이 몇이나 되느냐?"
"예, 사또. 왕 부자, 배 부자 그리고 강 부자, 모두 셋입니다."
"백성이 그 고을 사또보다 재산이 많아서 되겠느냐?"
"사또, 무슨 말씀이신지?"

아전들은 사또의 속뜻을 몰라 서로 얼굴만 멍하니 바라보았어.

"그자들이 재산이 많다고 거들먹거리며 사또의 명을
듣지 않는다면, 내 어찌 이 고을을 다스리겠느냐?
너희는 어서 그 세 사람의 재산을 조사하여라.

그리고 내 재산보다 많으면,
그 재산을 모두 거둬 오도록 하여라."

그제야 아전들은 부랴부랴 부자들의 재산을 조사했어.
왕 부자와 배 부자는 나중에 큰 화를 당할까 봐 두려워
미리 많은 재산을 갖다 바쳤지.
그러나 강 부자는 부당하다면서 한 푼도 내지 않았어.
사또는 노발대발하며 명했어.

"아니, 그런 못된 놈이 있나?
기어이 제 재물을 믿고 사또의 명을 거역한다는 말이지?
여봐라! 당장 그자를 잡아 오너라!"

강부자가 붙들려 오자, 사또는 트집 잡기 시작했어.

"흠! 네가 제일 아끼는 보물이 무엇이냐?"
"예, 그것은……."
"왜 말을 하지 못하느냐?
남에게서 빼앗은 것이라서 숨기려는 게냐?"
"아닙니다. 제가 제일 아끼는 보물은,
바로 하나밖에 없는 외동딸입니다."

"그래?
 그렇다면 너는 그 외동딸을 위해 남의 재산을 훔친 것이렷다?"

사또는 계속 억지를 부리며 다그쳤어.

"예? 아이고, 아닙니다. 제 재산은 땀 흘려 일해 모은 것입니다."
"흠! 네가 그렇게 큰 재물을 모을 정도로 재주가 많다는 말이군.
그렇다면 아무리 어려운 문제라도 척척 풀 수 있으렷다!
만약 내가 낸 문제를 푼다면, 네 말을 믿어 주지.
그러나 문제를 못 푼다면, 그동안 네가 남의 재산을
훔쳐 모은 것으로 알고 큰 벌을 내릴 것이다."
"……."
"어찌 대답하지 못하는 것이냐?
 네가 사또의 말을 가벼이 여기는 것이냐?"

강 부자는 억울하고 기막혔지만, 다른 도리가 없었어.

"아닙니다. 그럼, 어서 문제를 내십시오."
"흠! 너는 지금부터 사흘 안에 낮도 밤도 아닌 날에,
 옷도 아닌 옷을 입고, 말도 아닌 말을 타고,
 선물도 아닌 선물을 가져오너라.

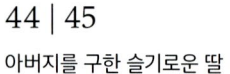
아버지를 구한 슬기로운 딸

그렇지 않으면 너는 절도죄를 면치 못할 것이고,
네 재산은 물론 네 딸도 내가 데려올 것이다."
"아니, 세상에 이런 억지가 어디 있다는 말인가?"

강 부자는 가슴이 철렁했어.
잘못하다가는 재산은 물론 목숨보다 더 소중한 딸까지
빼앗기게 될 지경이었지.
'이제라도 잘못했다고 빌고 재산을 내준다고 해결될 리가 없어.
한 번 재산을 주면 두 번, 세 번 달라고 할 게 분명해.
그렇게 비굴하게 당하고 사는 것은 죽기보다 못한 것이야.'
그러나 강 부자는 아무리 생각해 봐도
문제를 풀 길이 없어 자리에 눕고 말았어.
그러자 그 사실을 알게 된 외동딸이 웃으며 말했어.

"아버지! 걱정하지 마시고 일어나세요.
제게 좋은 수가 있습니다."
"아니, 그게 정말이냐? 그래, 그게 무슨 수냐?"
"이 일은 제게 맡겨 주시고, 아버지는 구경이나 하십시오."

사흘째 되는 날,
날이 저물어서야 강 부자는 사또를 찾아갔어.

"사또 나리! 제 딸도 같이 왔습니다."

'옳거니! 저놈이 문제를 풀지 못해 딸을 데려온 것이 틀림없구나.'
사또는 '그러면 그렇지!' 하며 속으로 기뻐했어.

"그래, 내가 낸 문제를 풀었느냐?"

그런데 강부자는 뜻밖의 말을 했지.

"예, 사또께서 분부하신 대로 다 해 왔습니다."
"그래? 그럼, 어디 한번 보자."

강 부자가 신호하자, 이상한 차림을 한
강 부자의 딸이 노새를 타고 와 말했어.

"지금은 저녁이니 낮은 지나가고 밤은 오지 않았지요.
그러니 사또께서 분부하신 대로
낮도 아니고 밤도 아닌 날입니다."
"그렇구나. 그럼, 그다음은?"
"보시다시피 제 몸에 걸친 그물은 옷이 아닙니다.
하지만 몸을 가리려고 입었으니 옷은 옷이지요.
그러니 이것은 옷도 아닌 옷입니다."
"그래! 그다음은?"
"제가 타고 온 이 동물은 노새라고 하니, 말이 아닙니다.
하지만 나귀와 암말 사이에 났으니 말은 말이지요.
그러니 이것은 말도 아닌 말입니다."

"흐음! 그렇다면 선물도 아닌 선물은 어디 있느냐?"
"여기 있으니 받으시지요."

강 부자의 외동딸은 품속에서 참새를 꺼냈어.
그런데 사또가 받으려고 손을 내미니,
참새가 포르르 날아가 버렸지.

"어이쿠!"
"참새가 날아가 버렸으니 선물이 아니지요.
하지만 선물로 가져왔으니 선물은 선물이지요.
그러니 이것은 선물도 아닌 선물입니다."

사또는 너무도 틀림없는 말에,
더 억지를 부리지 못하고 입만 벌리고 있었어.

"이제 문제를 풀고 억울한 누명을 벗었으니,
이만 물러가겠습니다."

강 부자는 딸과 함께 무사히 돌아갔어.
이 소문이 퍼지자 사또는 더 이상 백성을 괴롭히며
재물을 빼앗을 수 없었대.

변호사가 되어 함께 해결하기

사또가 자기보다 재산이 많은 백성에게 재산을 바치지 않으면 벌을 내리겠다고 협박했어요. 이 행동은 어떤 잘못을 저지른 것일까요?

옛날의 사또는 오늘날의 사법, 행정, 경찰권을 모두 행사할 수 있는 권한이 있었어요. 그런데 사또가 백성들에게 재산을 바치라고 협박하고 가로챈 것은 '**공갈죄**'에 해당해요. 사또가 법에 어긋나는 행위를 저지르다 암행어사에게 들통나 봉고파직 당하는 모습을 사극에서 보았지요? **봉고파직**이란, 사또처럼 잘못된 방법으로 백성의 재산을 가로채는 공무원이 있으면, 그 증거를 보관하기 위해 관가의 창고 문을 잠그고 공무원을 그 자리에서 쫓아내는 것을 말해요.

　오늘날에는 **공갈죄**를 지으면, 10년 이하의 징역 또는 2,000만 원 이하의 벌금을 물어야 합니다. 또한 법원은 공무원이 자신의 지위를 이용하거나 사칭하여 국민을 협박하고 재산을 빼앗는 행동을 중대한 범죄로 보고 엄중히 처벌하고 있어요. 왜냐하면 이러한 범죄가 공무원이 하는 일에 대한 국민의 신뢰를 훼손하고, 공직사회의 기강을 흔든다고 보기 때문입니다.

사또가 백성들에게 문제를 내고, 백성들이 맞히지 못하면 벌을 내리는 것은 정당할까요? 왜 그럴까요?

사또에게는 백성들에게 문제를 내고, 백성들이 맞히지 못한다고 벌을 내릴 권한이 없어요. 따라서 문제를 풀지 못한다는 이유로 벌을 내리는 행위는 남에게 의무가 없는 일을 강제로 시키고, 마음대로 불이익을 주는 것이므로 법에 어긋납니다. 누구라도 남에게 의무가 없는 일을 강요해서는 안 되고, 그러한 부당한 명령은 따를 필요도 없어요. 더구나 억지를 부려 공직자가 남의 딸을 강제로 데려간다는 것은 사회에 큰 충격을 주는 중대한 범죄입니다.

모든 법을 다 지켜야 할까요? 잘못된 법은 지키지 않아도 될까요?

"사또가 문제를 내서 맞히지 못하면 사또가 시키는 대로 해야 한다."라는 법이 있다면 법에 따라야 할까요? 그런 법이 있다면 잘못된 법이 분명해요. 그럼 지키지 않아도 될까요? 법은 사회적 정의와 공공의 이익을 위해 만들어져야 하고 그 법이 정당하지 않다면 반드시 지키라고 강요하는 것은 부당해요.

    하지만 나쁜 법이라고 해도 **합법적 절차**를 걸쳐 바꾸지 않고 각자의 생각으로 나쁜 법이라고 판단하여 지키지 않으면 큰 혼란이 올 수밖에 없어요. 그래서 일단 법률이 시행되면 지켜야 하고 그 법이 정당하지 않다고 판단되면 **헌법재판소**에서 위헌 법률인지 아닌지 판단을 받아야 해요. 위헌 법률로 인정되면 법률의 효력이 정지되지요. 그밖에 국회나 정당에 법률 개정을 요청하는 등의 방법으로 국회에서 법률을 고치게 할 수 있어요.

5
솥 작다 소쩍새

어느 마을에 심술 사납기로 소문난 시어머니가 있었어.

며느리가 들어오자, 심술이 더 커져
심술이 대문을 열고 나갈 정도였지.
"애야, 땀도 안 나고 일하기도 편하게,
이 옷에 이 버선을 신어라."
시어머니는 담비 털이 북슬북슬한 *잘배자를 입고
"아이고, 더워라!" 하며 지냈어.
그리고 며느리에게는 헐어서 못 쓰게 된 **뜯게를 입히고,
바닥은 해지고 등만 남은 ***뚜께버선을 내주었어.
그래서 며느리는 늘 "아이고, 추워라!" 하며 지냈어.

- **잘배자**: 검은담비의 털가죽을 붙여서 만든 배자(마고자 모양의, 소매가 없는 덧저고리)
- **뜯게**: 해지고 낡아서 입지 못하게 된 옷
- **뚜께버선**: 바닥이 다 헤어져 발등만 덮게 된 버선

그렇지만 며느리가 추위보다
더 견딜 수 없는 것은 배고픔이었어.

"이 쌀로 이 솥에 밥을 짓거라."

시어머니는 작은 솥을 내주더니, 쌀도 직접 내주었어.
그런데 그 쌀로 밥을 지으면 작은 밥솥에 가득 찼지만,
밥을 푸면 늘 모자라 며느리 밥은 없었어.
'아이고, 배고파라.'
며느리는 누룽지를 박박 긁어 먹으며 겨우 목숨을 이어 갔어.
그래도 늘 배가 고파 견딜 수가 없었어.
어쩌다 이웃집에서 얻은 떡 부스러기라도 먹으려 하면,
어느새 시어머니가 알고 달려와
와르릉와르릉 야단이었지.

"네가 시어머니 몰래 밤낮 그렇게 *입노릇질이니,
며칠 동안 밥 안 먹어도 배부르겠구나!"

그래서 며느리는 꼬챙이처럼 여위어 갔어. 어느 날
이를 안타깝게 여긴 아들이 어머니에게 간절히 부탁했어.

"어머니! 올해는 풍년이니,
밥 좀 많이 해서 모두 배불리 먹게 큰 솥을 내주세요."

● **입노릇질**: '음식을 먹음'의 낮춤말

그러나 시어머니는 며느리에게 더욱 °몽니를 부리며
전보다 더 작은 옹달솥을 내주었지.

"네가 남편에게 고자질할 힘이 있는 것을 보니,
너무 많이 먹은 게로구나. 이제부터는 이 솥에 밥을 짓거라."

그래서 며느리는 이제 누룽지조차 먹을 수 없게 되었어.

"어머니! 솥이 너무 작아요."

며느리가 아무리 눈물지어도 시어머니는 들은 척도 하지 않았어.
마침내 며느리는 시집와서 첫봄을 맞기도 전에
굶어 죽고 말았어.
그런데 이상하게도 며느리의 무덤 위에는
늘 작은 새 한 마리가 날아와 울었어.
그리고 그 울음소리는 이렇게 들렸지.

"솥 작다. 솥 작아! 솥 작다. 솥 작아!"

● **몽니**: 음흉하고 심술궂게 욕심부리는 성질

사람들은 솥이 작아 밥을 못 먹은 며느리가
새로 태어난 것이라고 했어.
그래서 그 새를 솥작새라고 불렀어.
그러다가 이 솥작새가 지금의 소쩍새로 불리게 되었대.

변호사가 되어 함께 해결하기

시어머니가 며느리를 굶기는 등 심한 구박을 할 경우, 며느리는 어떤 보호를 받을 수 있을까요?

가족 구성원 사이에서 신체적, 정신적 또는 재산상 피해를 일으키는 행동을 **가정폭력**이라고 해요. 시댁 식구들의 학대는 **가정폭력**에 해당합니다. 그래서 피해자의 안전과 권리 보호를 위해 적절한 법적 조치와 지원을 받는 것이 중요해요. 피해자는 경찰에 신고하거나 검찰에 고소할 수 있어요. 법원에 **접근금지**, **퇴거명령** 등의 보호처분도 신청할 수 있지요. 이러한 법의 보호를 받으려면 피해자는 진단서, 녹음, 목격자 증언 등 구체적인 증거 수집이 중요해요. 또 가족 관계를 회복하기 위해 전문가의 상담이나 중재를 고려해볼 수 있어요. **가정폭력** 피해자는 상담소나 보호시설을 이용할 수 있고 신변 보호, 주거지원 등 다양한 지원을 받을 수 있어요.

이 이야기에 나오는 시어머니는 어떤 벌을 받게 될까요?

자기가 보호하거나 감독하는 사람을 학대하면 '**학대죄**'로 처벌받고, 학대하여 그 사람을 다치게 하거나 죽게 하면 더욱 무거운 벌을 받게 됩니다. 사람에게 먹을 것을 주지 않는 것은 어쩌면 가장 심한 학대입니다. 지금은 시어머니가 며느리를 보호, 감독한다고 보기 어렵지만, 옛날에는 시어머니가 그와 같은 자리에 있었어요. 그래서 며느리를 죽

이려는 마음이 없었다고 해도, 자신이 보호하고 있는 며느리에게 밥을 주지 않아 굶어 죽게 한 시어머니는 무겁게 처벌받아 마땅해요.

또한 시어머니가 며느리를 굶겨 죽이려고 마음먹고 먹을 것을 주지 않아 며느리가 죽게 되었다면, 시어머니는 그보다 더 무거운 '**살인죄**'로 처벌받을 수 있어요.

시어머니의 구박을 참고 결혼생활을 계속 해야 할까요?

우리 **민법**에 따르면 남편이나 아내의 부모로부터 이치에 안 맞는 심한 대우를 받으면 이혼할 수 있어요. 따라서 남편의 잘못이 없더라도 남편의 어머니인 시어머니가 며느리를 학대하면, 며느리는 남편을 상대로 **이혼 심판**을 청구하여 이혼할 수 있지요. 또한 학대한 시어머니에게 **손해배상**을 청구할 수도 있지요.

이 이야기 속 남편은 평소 시어머니가 며느리를 심하게 학대하는 것을 알면서도 이를 방치했어요. 풍년이 들자 겨우 어머니에게 며느리도 배불리 먹을 수 있도록 큰 솥을 달라고 부탁했지만, 더 작은 솥을 받고도 아무런 조치를 취하지 않았어요. 남편은 아내가 시어머니로부터 부당한 대우를 받고 있다는 사실을 알았다면, 이를 막고 아내가 행복한 결혼 생활을 할 수 있도록 적극적으로 도와야 했습니다. 남편의 방관은 배우자가 심하게 부당한 대우를 받는 상황을 방치한 것으로, 며느리는 이를 이혼 사유로 삼을 수 있어요.

6
외통수 부자 영감과 이커서니 머슴

어느 곳에 어려서 부모를 잃고 *날품팔이를 하며
이곳저곳 떠돌아다니는 떠돌이 총각이 있었어.
그런데 힘이 얼마나 센지 **"이커서니!"라고
한 번 소리치면 우물만 한 바위도 번쩍번쩍 들었어.
그래서 사람들은 이커서니 총각이라 불렀지.

하루는 이커서니가 어느 마을을 지나갔지.
그런데 웬 젊은 부부가 집 앞에 주저앉아 통곡하고 있었어.

"아니, 무슨 일로 그러시오?"

- **날품팔이**: 날품을 하는 일, 또는 그 사람
- **이커서니**: 힘을 써서 무거운 물건을 번쩍 들 때 내는 소리

"여보시게! 세상에 이렇게 억울한 일이 어디 있겠나?
글쎄, 우리 집 외동아들이 *외통수 영감의
머슴으로 끌려갔다네.
지난해 흉년이 들어 그 집에서 보리쌀 한 가마를 꾸었지.
그런데 그것을 갚지 않았다고
대신 일곱 살배기 그 어린 것을 끌고 가다니,
세상에 이럴 수가 있나? 흑흑!"
**"빚받이로 어린아이를 끌고 가다니,
정말 인정머리도 없는 사람이군요.
걱정하지 말고 기다리십시오.
제가 꼭 아드님을 찾아오겠습니다."

이커서니 총각은 단숨에 외통수 영감을 찾아갔어.
그리고 그 큰 몸집을 우그러뜨려 넙죽 엎드렸지.

"무슨 일로 날 찾아왔느냐?"
"저는 이런 부잣집에서 일해 보는 게 소원이었소.

● **외통수**: 단 한 곳으로만 파고드는 사람을 이를 때
●● **빚받이**: 빚으로 준 돈을 받아들이는 일

보아하니 일손이 모자라는 듯한데
저를 *해 머슴으로 안 쓰시겠소? 힘은 제가 좀 쓰지요."
그리고 "이커서니!" 하고 한 번 소리치더니,
마당에 놓여있던 소금가마를 한 손으로 번쩍 들어 올렸어.
또 "이커서니!" 하고 한 번 소리치더니 쌀가마를 번쩍 들었지.

● **해 머슴**: 매년 그해의 품삯을 정하고 하는 머슴살이, 또는 그 머슴

외통수 영감은 단박에 덩치 좋고 힘 잘 쓰는
이커서니 총각이 탐났어.
그렇지만 품삯을 적게 주려고 짐짓 딴청을 부렸어.

"흠, 일손이야 넉넉하지만 여기서 일하는 게 소원이라니
그냥 가라고도 못 하겠군. 그 대신 품삯은 많이 못 주네."
"아이고, 품삯이라니요?
그저 입혀주고, 먹여주고, 재워주기만 하시면 됩니다."

외통수 영감은 헌 옷이나 갖다주고,
보리밥이나 먹여주고, 문간방에 재워주기만 하면
돈 한 푼도 안 주고 실컷 부려 먹겠다 싶었어.
그래서 얼씨구나 하면서 허락했지.

"그럼, 오늘부터 당장 일하게."
"그런데 주인마님,
듣자니 이 집에 어린애가 머슴으로 있다던데,
저도 체면이 있지 그런 도톨밤만 한 어린애하고
같이 일 못 하겠습니다."
"안 그래도 잔심부름 하나 못해 걱정거리였는데,
당장 내보내지."

외통수 영감은 저런 힘장사가 있으니
어린애는 필요 없다고 생각해서
젊은 부부의 외동아들을 얼른 집으로 돌려보냈어.

"그럼, 지금 서로 약속한 것을 문서에 적어 하나씩 가집시다."
"그거야 당연한 일이지."

외통수 영감은 그렇지 않아도 저 덩치로 나중에 돈 달라고
딴소리하면 안 줄 수도 없고 어쩌나 하고 걱정했어.
그러던 차에 잘 되었다며 문서로 적었지.

"일곱 살배기 머슴을 내보내는 대신
아무개 총각은 품삯 없이 머슴으로 일하고,
나 아무개는 아무개 총각을 입혀주고, 먹여주고, 재워준다."

다음 날 아침, 외통수 영감은
머슴이 일하는 것이 궁금해 이리저리 찾아보았어.
그런데 이커서니는 *된장에 풋고추 박힌 듯
방에 틀어박혀 있었어.

- **된장에 풋고추 박힌 듯**: 한 곳에 가서 자리를 떠나지 아니하고 꼭 틀어박혀 있는 모양.

그리고 날이 밝은지 한참이 지나도 나올 생각을 안 하는 거야.
외통수 영감은 화가 나서 문을 탁 열어젖혔지.
그런데 이커서니는 방 안에서 옷도 안 입고
이리 떼굴, 저리 떼굴 누워 있는 것이었어.

"야, 이커서니야! 해 뜬 지가 언제인데
여태 옷도 안 입고, 뭘 하는 거냐?"
"아이참, 영감님도! 이 문서에 적혀 있잖아요."
"아니, 적혀 있긴 뭐가 적혀 있다는 말이냐?"
"여기 보세요. 나 아무개는 아무개 총각을 입혀주고……."
"뭐야? 그럼, 내 손으로 옷을 입혀 달라는 말이냐?"

외통수 영감은 하도 기막혀 가슴 탕탕,
한숨 푹푹 쉬며 말도 안 되는 소리는
그만하라고 냅다 소리 질렀어.
그러나 이커서니는 부득부득
문서대로 옷을 입혀달라고
하였지.

이러다 일 못하면 손해라고 생각한
외통수 영감은 할 수 없이 옷을 입혀주었어.
그러자 이커서니는 슬금슬금 일어나
또 "이커서니!" 하며 소금가마를 곳간에 넣었어.
그러더니 아침 밥상을 받고도 오뚝이 앉아
이리 멀뚱, 저리 멀뚱 천장만 바라보고 있지 뭐야.

"야, 이커서니아!
해야 할 밭일이 산더미인데 여태 밥도 안 먹고, 뭘 하는 거냐?"
"아이참, 영감님도! 이 문서에 적혀 있잖아요."
"이놈아, 적혀 있긴 또 뭐가 적혀 있다는 말이냐?"
"여기 보세요. 먹여주고……."
"뭐야? 그럼 내 손으로 밥도 떠먹여 달라는 말이냐?"

외통수 영감은 갈수록 태산이라 어처구니가 없었어.
그러나 추수철이라 할 일이 많으니
어쩔 수 없어 밥을 먹여주었어.
게다가 밥은 어찌나 많이 먹는지
점심때도 저녁때도 섬 밥*으로 하나 가득 먹여주어야 했지.

"아이고, 머리야! 밤낮 내가 입혀주고, 먹여주어야 한다니……!"

외통수 영감은 머리를 싸매고 끙끙대며,
엎치락뒤치락 잠을 청했어.
그런데 이번에는 이커서니가 잠을 안 자고 덜그럭거리며,
밤새 이리 왔다, 저리 갔다 하지 뭐야.

● **섬 밥**: 쌀 한 섬으로 지은 밥.

"야, 이커서니아!
 밤중에 잠 안 자고 무엇 하는 거냐?"
"아이참, 영감님도!
 이 문서에 적혀 있잖아요."
"이놈아, 이번에는 또 뭐가
 적혀 있다는 말이냐?"
"여기 보세요. 재워주고……."
"뭐 어야? 그럼 너를 안고
 자장자장 재워 달라는 말이냐?"

외통수 영감은 더 이상 참을 수가 없었지.
그래서 이커서니의 보따리를 대문 밖으로 냅다 내던졌어.

"아이고, 이런 낮도깨비가 다 있나, 이놈아!
 문서고 뭐고 당장 내 집에서 나가! 아이고, 머리야!"

그래서 떠돌이 이커서니 총각은
그 길로 일곱 살배기 아이가 사는 가난한 집에 들어가
한 식구가 되었지.
이커서니는 남보다 몇 배 일을 거뜬히 해내,
가난을 면하고 오래오래 함께 잘살게 되었대.

변호사가 되어 함께 해결하기

<u>외통수 영감과 이커서니 총각은 계약 내용을 서로 다르게 해석했어요.
어떤 계약 내용이 여러 가지 의미로 해석될 수 있을 때
어떻게 해결할까요?</u>

근대 사회에는 모든 사회관계를 자유, 평등 그리고 독립한 개인 간의 관계로 보고 개인의 의사에 따른 '**계약 자유의 원칙**'이 보장되었어요. **계약 자유의 원칙**이란, **계약 체결의 자유**(계약을 체결할지 말지의 자유), **상대방 선택의 자유**(계약할 상대방을 누구로 정할 것인지에 대한 자유), **계약 내용 결정의 자유**(어떤 내용의 계약을 할 것인지 선택할 자유), **계약 방식의 자유**(계약은 원칙적으로 합의만으로 성립하고, 특정한 방식에 따르지 않을 자유)를 말해요. 현대 사회에서도 위와 같은 자유에 대하여 약간의 제한이 생겨났지만, 원칙은 그대로 유지된다고 보아도 무방해요. 따라서 누구나 상대방과 자유로운 내용의 계약을 할 수 있어요.

    그런데 어떤 계약 내용의 문구가 분명하지 않아서 당사자의 해석이 서로 다르면 그 문구를 어떻게 해석하느냐 하는 문제가 발생하지요. 이 이야기에서 "나 아무개는 아무개 총각을 입혀주고, 먹여주고, 재워준다."라는 계약 내용에 대하여 영감과 총각의 해석이 서로 달라요. 영감은 "품삯을 별도로 지급하지 않고 입을 옷, 먹을 음식, 잠잘 곳을 제공한다"라는 뜻으로 위 문구를 적었어요. 총각은 그 문구가 "직접 옷을 입혀주고, 음식물을 입에 떠 넣어 먹여주고, 잠들 때까지 안아서 재운다."라는 뜻이라고 주장합니다.

이렇게 계약 내용의 의미가 분명하지 않아서 당사자가 서로 다르게 해석할 때는 어떻게 해결해야 할까요? 이때는 사회에서 일반적으로 그 문구가 뜻하는 의미로 해석할 수밖에 없어요. 이 이야기에서는 영감이 너무 골치 아픈 나머지 총각을 쫓아냈지만, 오늘날의 재판에서는 영감의 주장대로 해석해야 맞아요. 총각도 영감의 주장과 같은 의미로 위 문구를 넣은 것으로 짐작되지 않나요?

**빚을 갚지 못했다는 이유로 돈 빌려준 사람이 돈 빌린 사람의 자식을 데려와 일을 시키는 것이 정당할까요, 부당할까요?
그 이유는 무엇인가요?**

부모가 빚을 갚지 못해도 부모한테서 받을 돈이 있는 사람은 부모의 재산에서만 받을 수 있을 뿐입니다. 빚이 있는 사람의 부인, 아들, 딸 그 누구에게도 대신 갚으라고 할 수 없어요. 더구나 부모가 진 빚을 그의 아들이나 딸을 데려가 대신 갚으라고 하는 행위는 **약취·유인죄**가 될 수 있어요. 그리고 데려간 자녀가 미성년자라면 무거운 처벌을 받게 됩니다.

7
비단값은 갈대 자루로

황해도 이곳저곳 떠돌아다니며 물건을 파는
황 씨라는 봇짐장수가 있었어.
어느 날, 봇짐장수는 평양에 갔다가 재물 많은 주막집 여주인
소문을 들었어. 그 여주인은 수단이 좋아 돈을 많이 모았지.
그래서 값비싼 비단옷을 사고 또 사서 비단 치마를
이불 삼아 덮을 지경이었어. 그리고 비단신은
차고 넘쳐 바닥이 아니라 신발 위를 걸어야 할 판이었어.
그렇지만 남에게는 물 한 그릇 공짜로 준 적이 없는
인색한 사람이었어.
'이 흉년에 어찌 곰팡이가 나도록 돈을 쌓아 두고,
굶주림에 쓰러진 이웃은 모른 척하는고?'
봇짐장수는 물건을 판 돈 오십 냥을 들고 중국으로 갔어.
그리고 요동 벌판의 갈대를 잔뜩 샀어.
중국 사람은 이상하다는 듯이 봇짐장수에게 물었어.

"아니, 갈대로 무엇을 하려고 그러시오?"
"갈대 장사를 하려고 그러지요."
"갈대로 무슨 장사를 한다고 그러시오?"

봇짐장수는 작두로 갈대를 세 토막으로 썰어
수백 개의 묶음을 만들었어.
그리고 한 묶음씩 자루에 담아 포장을 단단히 한 뒤에,
자루 위에 비단 조각을 상표인 양 붙였어.
그리고 압록강을 건너 커다란 창고를 빌렸어.
창고에 그 자루를 가득 쌓아 두고, 주막집 여주인을 찾아갔지.

"나는 비단 장수 황씨요.
중국 비단을 창고에 가득 채워 놓았는데,
값이 맞지 않아 아직 팔지 못하고 있소.
내 그 비단을 팔면 돈을 줄 테니,
며칠 묵어가게 해 주시면 고맙겠소."
"아, 그러고 말고요."

주막집 여주인은 중국 비단 장수라는 말에,
돈을 두둑이 받을 수 있겠다 싶어 얼른 방을 내주었어.
그리고 그 말이 사실인지 알아보려고
몰래 창고지기에게 사람을 보냈어.

"황 주사께서 비단을 창고에 가득 쌓아 놓았답니다."
"뭐? 비단이 창고에 가득하다고?"

그 말을 들은 주막집 여주인은,
제일 좋은 방을 내주고, 좋은 음식을 대접했지.
봇짐장수는 며칠을 늘어지게 잘 쉬었어.
그러더니 주막집 여주인을 불렀어.

"내가 돈을 쓸 일이 있는데, 좀 빌려주겠소?"
"아, 그러고말고요."

그런데 그 후로 봇짐장수는 집에 돈을 보낸다,
일꾼을 구한다, 물건을 보낸다고 하면서 돈을 계속 빌렸어.
주막집 여주인은 이러다 돈을 못 받는 게
아닌가 싶어 걱정되었지.

"황 주사 어른! 왜 비단을 안 파십니까?"
"내가 빌린 돈을 안 갚을까 봐 그러나?"
"그게 아니라……."
"내가 계약서를 써 주지. 자, 돈은 갈대 자루로 주마!"
"갈 때 자루로요?"

계약서를 본 주막집 여주인은,
봇짐장수가 비단을 다 팔고 갈 때 자루에
돈을 가득 넣어 준다는 줄 알고 좋아했어.
그런데 봇짐장수는 상인들이 비단을 사러 오면
턱없이 비싸게 값을 불렀어.

상인들은 어이없어 하며 되돌아갔지.
그러는 사이 일 년이 지나고, 주막집 여주인의 돈도 바닥났지.
봇짐장수는 그 돈으로 논밭을 사서,
가난한 사람들에게 나눠 주었어.
'내 돈만 자꾸 빌려 가고 상인이 와도 비단을 안 파니,
아무래도 안 되겠다.'
안달이 난 주막집 여주인은 봇짐장수에게 *득달같이 달려갔어.

"빌려준 돈 대신 차라리 창고에 있는 것을
제가 다 산 셈 치겠어요."

그리고 주막집 여주인은 창고에 달려가서 자루를 열어 봤지.
그런데 그 안에는 갈대만 잔뜩 들어 있었어.

● **득달같이**: 잠시도 지체하지 않고

"아니, 이게 다 뭐예요?"
"아! 갈대 자루지 뭐요?
내가 이 계약서에 돈은 갈대 자루로 주겠다고 했잖소?"
"뭐라고요?"
"너무 실망하지 마시오.
돈을 써야 할 때 안 쓰고 쌓아 두나,
갈대를 쌓아 두고 안 쓰나 마찬가지 아니오?
그 돈은 꼭 쓸 데 썼으니 그동안 빚진 좋은 일,
한꺼번에 갚은 셈 치시오."

봇짐장수가 떠나자,
주막집 여주인은 갈대 자루만 멍하니 쳐다보았대.

변호사가 되어 함께 해결하기

봇짐장수가 주막집 여주인에게 빌린 돈을 갈대 자루로 갚겠다는 계약서의 내용을 어떻게 해석해야 할까요?

봇짐장수가 돈을 빌리며 작성한 계약서에는 "돈은 갈대 자루로 주겠다"라고 적혀 있어요. 하지만 그 문구의 의미를 어떻게 해석할지가 문제입니다. 계약 내용이 명확하지 않을 때는 계약 당사자의 의도뿐만 아니라, 해당 표현이 일반적으로 어떤 뜻으로 사용되는지를 연구하여 계약 내용을 밝혀야 해요.

봇짐장수는 계약서의 내용이 자신이 창고에 보관한 '갈대 자루'를 주겠다는 뜻이라고 주장할 수 있으며, 실제 그런 생각으로 계약서를 썼을 수 있어요. 그러나 주막집 여주인은 봇짐장수가 '갈 때 자루에 담은 돈'을 주겠다는 의미로 계약한 것입니다. 또한 주막집 여주인이 '갈대 자루'를 받기로 하고 많은 돈을 빌려주었을 리가 없고, 봇짐장수도 "돈을 갈대 자루로 주겠다"라고 말하면 여주인이 착각할 것이라고 예상했을 것으로 보여요. 따라서 계약서에 적힌 표현에 얽매이지 말고, 실질적으로 돈을 빌린 것이므로 갈대가 아닌 돈으로 갚기로 약속한 것으로 해석해야 해요.

봇짐장수가 끝까지 빌린 돈을 '돈'으로 갚지 않고 '갈대 자루'로 갚기로 했다고 주장하면 유리할까요?

만약 봇짐장수가 이러한 주장을 끝까지 유지한다면, 이는 **사기죄**를 자백하는 것과 다름없어요. 돈을 빌릴 당시, 실제로는 돈으로 갚지 않고 값어치 없는 갈대를 주겠다고 마음먹었다면, 이는 갚을 의사가 없었다는 말과 같아요. 또한 주막집 여주인이 돈으로 갚을 것이라 착각하게 속여 돈을 빌린 것이므로, **사기죄**를 저질렀다고 인정하는 꼴입니다. 결국 봇짐장수는 사기라는 불법행위를 저질렀기 때문에 **손해배상**으로 빌린 돈과 이자를 모두 갚아야 합니다.

가난한 사람들을 돕기 위해, 잘못된 방법으로 남을 속여서 돈을 받아 내거나 훔치는 것이 옳은가요?

옳은 행동이 아닙니다. 비록 봇짐장수가 가난한 사람을 돕겠다는 의도가 있었다 하더라도, 수단이나 방법이 옳지 않기 때문입니다. 이 경우에는 법적으로 보호받지 못해요. 봇짐장수는 빌린 돈을 전부 갚아야 하고 **사기죄**의 처벌을 피하기도 어려울 것으로 보여요. 다만 잘못을 저지른 동기를 참작하여 처벌 정도를 정할 수 있습니다.

8
두루뭉수리와 꿀 강아지

어느 산골 사람이 벌을 쳐서 꿀을 많이 받았어.
그런데 큰 단지에 가득한 꿀을 마땅히 팔 데가 없었지.
그래서 산골 사람은 꿀단지를 등에 지고, 부자들이 많다는
서울로 갔어. 어리숙한 산골 사람은 서울에는 처음 와 봤지.
그래서 어디서, 어떻게 꿀을 팔아야 할지 몰랐어.
그러다가 인적이 드문 °두껍다리 옆에 꿀단지 지게를
내려놓고 외쳤어.

"꿀이오, 꿀! 꿀 사시오!"

그때 마침 서울 °°말쟁이가 지나가다가 은근슬쩍
속여 먹을 마음을 먹었지.

● **두껍다리**: 골목의 도랑이나 시궁창에 걸쳐 놓은 작은 다리
●● **말쟁이**: 말수가 많은 사람

'저 °두루뭉수리가 사람도 없는 길에서 꿀을 팔다니!
잘만 하면 꿀 한 단지가 거저 생기겠는걸.'

"여보시오! 요즘 나라에서 꿀을 못 팔게 하는 것도 모르시오?
그러다 잡혀가면 어쩌려고 그러시오?"

산골 사람이 그 말을 곧이듣고 놀라 와들와들 떨었어.
그러자 서울 말쟁이는 인정을 베푸는 척 말했어.

"그 꿀을 갖고 다니다가는 단박에 붙잡힐지 모르니,
어서 내게 팔고 가시오.
사정이 딱해 보이니, 내 다섯 냥 드리겠소."

겁이 난 산골 사람은 굽실굽실 몇 번이나 절하며
꿀단지를 얼른 내주었어.

"후유! 서울까지 와서 빈손으로 돌아가다니!
어차피 이렇게 된 것, 서울 구경이나 하고 가자."

● **두리뭉수리**: 말이나 행동이 분명하지 못한
  사람을 놀리는 말

그런데 산골 사람이 다니다 보니
웬일인지 꿀 장수가 여기저기 있었어.

"아니? 요즈음 나라에서 꿀을 못 팔게 한다는데, 이래도 괜찮소?"
"누가 그런 헛소릴 합니까? 없어서 못 팔지, 왜 못 팔아요?
요즘은 꿀값이 껑충 올라, 큰 단지에 오십 냥은 받는걸."
"뭐라고요?"

그제야 산골 사람은 속은 것을 알았지.
산골 사람은 너무나 억울하여 꿀값을 되받을 궁리를 했어.
'내가 그렇게 만만쟁이는 아니지!'
산골 사람은 부랴부랴 집으로 돌아와
강아지에게 맹물만 먹였어.
그러다 맑은 물만 뒤로 나오자, 이번에는 밤낮 꿀만 먹였지.

● **만만쟁이**: 사람들에게 만만하게 보이는 사람

며칠 동안 강아지에게 꿀 한 단지를 다 먹인 다음,
산골 사람은 다시 서울로 올라왔어.
그리고 지난번에 꿀을 팔던 그 자리에 나가 기다리니,
곧 서울 말쟁이가 나타났어.

"아이고, 나리! 지난번에 저를 살려 주신
은혜를 갚으려고 기다리고 있었습니다."

서울 말쟁이는 속이 뜨끔했지.
그런데 은혜를 갚는다는 말에 마음을 놓았어.

"은혜라니, 무슨 그까짓 것 가지고…….
그래, 대체 무슨 일이오?"
"우선 빈 그릇 하나만 빌려주시지요."
"빈 그릇은 왜?"
"꿀을 좀 받아서 대접해 드리려고요."

"꿀을 받다니? 어디서?"
"실은 제게 꿀보다 더 좋은 것이 있답니다.
이게 바로 꿀 강아지라고 하는데,
밑구멍에서 꿀이 끝도 없이 나오지 뭡니까?"

산골 사람은 보따리에서 강아지를 꺼내 보였지.

"뭐? 이 강아지 밑구멍에서 꿀을 받는다고?"
"못 미더우시면 한번 보여 드리지요."

욕심 많은 서울 말쟁이는 누가 볼까 봐 몰래 자기 집으로
산골 사람을 데려갔어. 그리고 빈 사발 하나를 내왔어.
산골 사람은 강아지 밑에 사발을 놓고, 강아지 배를
슬그머니 눌렀어. 그러자 '졸졸' 하며 빈 사발에 노란 꿀이
가득 차올랐지. 서울 말쟁이는 눈이 동그래지며 물었어.

"여보게! 이게 정말 꿀인가?"
"진짜인지 아닌지 맛을 보시구려."

산골 사람은 떡 한 개를 꿀에 찍어 맛보고는,
말쟁이에게도 주었어.

"진짜 꿀이 틀림없군."
"그럼요. 이게 겉보기엔 다른 강아지와 같으나,
아무거나 먹여주면 꿀만 낳는 꿀 강아지라오."
"그것참 신기한 강아지구먼."

서울 말쟁이는 꿀 강아지가 탐났어.
꿀 강아지만 있으면 금방 큰돈을 벌 것 같았지.

"여보게, 그 꿀 강아지를 나한테 팔지 않겠나?"
"팔다니요? 이걸 팔고 나면
앞으로 우리 가족은 어떻게 살라고요?"

산골 사람은 어림없다는 듯 펄쩍 뛰었어.
그럴수록 서울 말쟁이는
안달이 났지.

"얼마면 되겠나?"
"글쎄, 안 된다니까요."
"자네가 부르는 대로 값을 주겠네."
"그래, 얼마를 주시겠다는 겁니까?"

서울 말쟁이는 속으로 계산했어.
배만 눌러도 꿀이 나오니 하루에 한 단지만 나와도
오십 냥은 넘겠고, 열흘만 팔면 오백 냥은 문제없을 것 같았어.
그리고 강아지는 몇 년을 살 테니 갑부가 되는 건
틀림없어 보였어.

"내 밑지는 셈 치고 오백 냥 주지!"

산골 사람은 안 된다고 몇 번 거절하다,
못 이기는 척 돈을 받아 갔어.

다음 날, 서울 말쟁이는 꿀을 팔려고
마을의 양반 부자들을 불러 잔치를 열었어.
꿀이 많이 나오도록 강아지에게는
미리 음식을 잔뜩 먹여놓았지. 서울 말쟁이는 손님들이 모이자,
손님들에게 떡 한 그릇과 빈 그릇을 나눠 주었어.

"자, 여러분!
꿀 강아지가 이제 꿀을 낳는 것을 보시겠습니다."

그러고는 강아지를 들고 돌아다니며 강아지 배를 꾹꾹 눌렀어.

"윽! 냄새!"
"어이구, 더러워!"

음식을 잔뜩 먹은 강아지는 사발 가득 똥을 듬뿍듬뿍
누어 놓았지. '에그! 내가 톡톡히 •되갚음을 받았구나.'
잔치는 엉망이 되었고, 서울 말쟁이는 그 후로
낯을 들고 다니지 못했대.

● **되갚음**: 다시 갚음

변호사가 되어 함께 해결하기

서울 말쟁이와 산골 사람이 잘못한 행동은 무엇일까요?

나라에서 꿀 판매를 금지한다고 거짓말하여 싼값에 꿀을 산 서울 말쟁이의 행동은 **사기죄**에 해당해요. 아무거나 먹여도 꿀만 낳는 강아지라고 거짓말하여 보통 강아지를 비싼 값에 판 산골 사람의 행동도 마찬가지로 '**사기죄**'에 해당합니다. 산골 사람의 행동이 정당하다고 볼 수 없어요. 왜냐하면 산골 사람이 법적 절차를 통해 구제받을 수 있었는데도 불법적인 방법을 선택했기 때문입니다.

다만 두 사람의 행동이 모두 **사기죄**에 해당한다고 해도, 먼저 사기죄를 저지른 서울 말쟁이가 더 무거운 벌을 받을 수 있어요. 왜냐하면 서울 말쟁이가 먼저 잘못하였고, 산골 사람이 사기를 치게 원인을 제공했다고 볼 수 있기 때문입니다.

처음에는 산골 사람이 45냥, 나중에는 서울 말쟁이가 500냥에서 강아지값을 뺀 돈 만큼 손해 보았어요. 이 손해는 어떻게 해결할 수 있을까요?

두 사람 모두 사기를 쳤어요. 그러므로 터무니없이 싼 값에 판 꿀 항아리나 너무 비싼 값에 판 강아지 거래 모두 취소되어야 해요. 그러니 서로 주었던 돈을 되돌려받고 물건도 원래 주인에게 돌아가야 해요.

  따라서 서울 말쟁이는 처음에 가져간 꿀 한 항아리와 나중에 산 강아지를 산골 사람에게 돌려주어야 해요. 산골 사람은 처음에 받은 돈 5냥과 나중에 받은 돈 500냥, 합하여 505냥을 서울 말쟁이에게 돌려주어야 해요. 서울 말쟁이가 처음에 산 꿀을 이미 먹거나 팔아서 돌려주지 못하게 되었다면 어떡하지요? 그때에는 이미 없어진 꿀 한 항아리 대신 꿀 한 항아리 값 50냥을 돈으로 돌려주면 됩니다.

9
대장장이와 목수
이사 보내기

서울에서 벼슬하던 양반이 어느 시골 마을로 이사 왔어.
서울 양반은 나랏돈을 야금야금 축내어 모은 돈으로
터가 좋다는 넓은 땅을 샀어.
그리고 °아름드리나무를 다 베어 내고
으리으리한 기와집을 지었어.
그런데 그 나무숲 왼쪽에는 대장장이가,
오른쪽에는 목수가 살고 있었지.

"땡강, 땡강, 치지직!"
"뚝딱, 뚝딱, 와지끈!"

● **아름드리**: 한 아름(두 팔을 벌려 껴안은 둘레의 길이)이 넘는 큰 나무나 물건

서울 양반이 번지르르하게 집을 짓기는 지었는데
골칫거리가 생겼어.
이쪽에서 땡강, 저쪽에서 뚝딱 소리가
밤낮으로 끊이지 않으니 견딜 수가 없었지.

"아이고! 시끄러워서 살 수가 있나?"

서울 양반은 쫓아낼 생각으로 먼저 대장장이를 찾아갔어.

"여보게! 내가 가만히 보니 자네 집터가 물의 터일세.
 물은 불을 끄는 것이니, 불을 다루는 자네에겐 좋지 않아.
 그러니 빨리 이사하는 것이 좋겠네.
 이사할 돈은 내가 조금 보태 주지."

서울 양반은 거들먹거리며 이사할 돈을 쥐꼬리만큼 내놓았어.

"아이고! 저를 이렇게 걱정해 주시니 고맙습니다.
오늘이라도 당장 이사하겠습니다."

'그럼, 그렇지.'
서울 양반은 이번에는 반대편에 사는 목수를 찾아갔어.

"여보게! 내가 가만히 보니 자네 집터가 불의 터일세.
불은 나무를 태우는 것이니, 나무를 다루는 자네에겐 좋지
않아. 그러니 서둘러 이사하는 것이 좋겠네.
이사할 돈은 내가 조금 보태 주지."
"아이고, 저를 이렇게 생각해 주시니 고맙습니다.
오늘이라도 당장 이사하겠습니다."
"이제야 두 다리 뻗고 조용히 살 수 있게 됐구나!"

서울 양반은 흐뭇해 했지.
그런데 다음 날 아침부터 더 요란한 소리가 들려왔어.

"슬근슬근, 와그작와그작!
쓱쓱 싹싹, 와드득 와드득! 딱딱 뚝딱,
월 가닥 월 가닥! 우두던 우두던, 와그르르 펑!
쾅쾅 퉁탕, 와지끈 쩍!"
"탁탁 칙칙, 치익 치지직!
땡강땡강, 철썩 주르륵! 첨벙첨벙, 떵떵 부지직!
챙 챙챙, 땅땅 땡그랑! 왱 댕그랑 떵떵 와장창!"
"아니? 당장 이사하겠다고 하더니,
이건 또 무슨 소리야?"

서울 양반은 화가 머리끝까지 나서 대장장이 집으로 달려갔어.
그런데 대장장이 대신 목수가 일하고 있었어.

"대감마님! 이곳이 물의 터라 하셨지요?
물은 나무를 키우니,
저같이 나무를 다루는 목수에게는
꼭 맞는 집터가 아니겠습니까?
대감마님 명령대로 이사했으니 이제 마음 편히 일하겠습니다."

서울 양반이 할 말이 없어 목수 집으로 달려갔어.
그런데 목수 대신 대장장이가 일하고 있었어.

"대감마님! 이곳이 불의 터라 하셨지요?
불은 쇠를 녹이니, 저 같은 날붙이를 다루는 대장장이에게는
꼭 맞는 집터가 아니겠습니까?

대장장이와 목수 이사 보내기

대감마님 명령대로 이사했으니
이제 마음 편히 일하겠습니다."

알고 보니, 대장장이와 목수는 서로 집을 바꾼 것이었지.
'둘 다 이사를 하긴 했으니……. 에이그!'
서울 양반은 공연히 돈만 쓴 게 아깝고,
속셈이 들통나 창피했지.
그리고 도리없이 집으로 돌아오고 말았어.

"나랏돈을 축낸 *인쥐에게는
고래 등 같은 기와집보다 쥐구멍이 제격이지!"

서울 양반은 **웃음가마리가 되었고
대장장이와 목수는 하하 웃으며 일했대.

● **인쥐**: 숨어서 부정을 저지르거나, 무엇을 야금야금 축낸 사람을 쥐에 비유한 말
●● **웃음가마리**: 웃음거리가 되는 사람이나 일

변호사가 되어 함께 해결하기

힘을 이용하여 남에게 강제로 이사하라고 할 수 있을까요?

우리 **헌법**에 따르면 모든 국민은 거주·이전의 자유가 있습니다. 국민 누구나 자신이 살 곳을 정할 수 있고, 이사하고 싶으면 언제든 이사하면 됩니다. 그런데 권력이나 힘을 이용하여 이웃에게 강제로 이사하라고 한 행동은 헌법상의 권리를 침해하는 불법행위입니다. 그래서 **협박죄**나 **강요죄**로 처벌받게 되지요. 또 겁을 주기 위해 이웃의 집에 허락받지 않고 들어갔다면 **주거침입죄**도 됩니다.

양반은 대장장이와 목수한테서 이사 비용을 돌려받을 수 있을까요?

서울 양반이 대장장이와 목수에게 작업 소리가 너무 시끄러우니 다른 곳으로 이사해 달라고 부탁하면서 이사 비용을 주었어요. 그런데 두 사람이 집을 맞바꾸었다면, 서울 양반은 여전히 시끄러운 곳에 살게 됩니다. 그렇다면 서울 양반은 이사 비용을 준 목적을 달성하지 못했어요. 그래서 서울 양반은 두 사람에게 준 이사 비용을 도로 받아낼 수 있어요.

그러나 양반은 위와 같은 부탁을 하지 않았고, 이사할 필요가 없는 두 사람에게 집터가 좋지 않다고 꼬드겨 이사하라고 하였어요. 그러니 이 경우에는 두 사람이 서로 집을 맞바꾸는 이사를 하였다고 해도 이사 비용을 돌려받을 수는 없어요.

이웃집이 시끄러워 생활하는데 불편할 때는 어떻게 해결하는 것이 좋을까요?

우리 **민법**에 따르면 토지 소유자는 매연, 열, 기체, 음향, 진동 등으로 이웃 토지의 사용을 방해하거나 이웃집의 생활에 고통을 주지 않도록 적당한 조치를 해야 할 의무가 있어요. 그러나 이웃집에서 꼭 필요한 이유로 내는 소리 등이 심하지 않으면 참을 의무도 있지요.

따라서 이웃집에 대장장이나 목수가 살면서 일하느라 어느 정도 소리를 내더라도, 그 정도가 지나치지 않다면 참아야 하지요. 그러나 정도가 지나치거나 밤에도 계속 시끄러운 소리가 난다면, 방음벽을 설치해 달라고 요구할 수 있고, **손해배상**을 청구할 수도 있어요.

10
천 냥 내기
거짓말

어느 재상이 나이 들어 벼슬을 내려놓고 고향으로 돌아왔지.
'허, 그것참! 하루가 너무 길고 지루하군!'
재상은 재물이 많은 *딩딩한 부자였지만,
하던 일을 그만두니 너무나 심심했어.
그래서 하루는 재미 삼아 이런 소문을 냈어.

"누구든 한꺼번에 세 가지 거짓말을 하는 사람에게는,
돈 천 냥을 상으로 주겠다."
재상의 입에서 "그것은 거짓말이다."라는 말이 나오게 하면,
돈 천 냥을 준다는 것이었지.
사람들은 소문을 듣고 재상의 집으로 구름같이 몰려들었어.
먼저 한 숯장이가 와서 거짓말을 했어.

- **딩딩한**: 본바탕이 튼튼한

"저희 뒷마을에 머리가 셋이고
팔이 여덟 개인 사내아이가 있지요.
그런데 그 아이가 사실은 선녀의 아들이랍니다. 아시는지요?"
"흠! 그건 나도 알고말고!"

재상이 웃으며 머리를 끄덕이자,
다음에는 옹기장이가 와서 거짓말을 늘어놓았어.

"우리 마을에, 아침에는 길가에서 두부를 팔고,
저녁에는 종각에 올라가 종을 치는 노인이 있습니다.
그런데 그 노인이 사실은 동해의 용왕님이라는 것을 아시는지요?"
"흠! 그건 나도 알고말고!"

재상은 누가 무슨 말을 하든 "알고말고!" 하고 맞장구를 치니,
아무도 상금을 탈 수가 없었지.
그러던 어느 날, 한 초라한 시골 총각이 찾아왔어.

"대감마님, 저도 거짓말 좀 해 볼까 해서 왔습니다."
"그럼, 어디 한번 해 보아라."
"대감마님, 사실 저는 아주 부자입니다.
대감마님께서도 잘 아시지요?"

재상이 총각을 보니 누덕누덕 기운 •누더기에 비쩍 마른 꼴이,
분명 거짓말이 틀림없었지.
그렇지만 재상은 고개를 끄덕였어.

"흠! 그건 나도 알고말고! 그런데?"
"제가 부자가 된 이유는 소 키우는 비법 때문이지요."
"비법이라니?"
"먼저 커다란 나무 상자 안에 송아지 한 마리를 집어넣고,
상자에 구멍을 뚫습니다.
그러면 송아지가 자꾸 크면서

- **누더기**: 누덕누덕 기운 헌 옷

살이 구멍 밖으로 삐져나올 게 아닙니까?
그 고기를 베어 내고 또 자라면 베어 내고,
이렇게 자꾸 베어 팔아 부자가 되었지요.
여기 그 쇠고기를 가져왔으니 잡숴 보시지요."

그러면서 시골 청년은 죽은 생쥐 한 마리를 내놓았어.
그러자 재상은 잘못하다가는 그걸 먹게 될까 봐 놀라 소리쳤어.

"예끼, 이놈! 그게 무슨 쇠고기냐, 쥐 고기지!"
"그럼, 거짓말 한 번 했습니다."

재상은 다음에는 안 넘어가려고 마음을 단단히 먹었어.

"대감마님, 제가 어릴 때
무척 영리했습니다.
마님께서도 잘 아시죠?"

"흠! 그건 나도 알고말고, 그런데?"
"언제인가 대감마님께서 제 머리를 쓰다듬으시면서,
'너는 정말 총명하구나.
네가 자라면 내 셋째 딸을 너와 짝지어 주마.'라고 하셨지요.
이제 제가 이렇게 컸으니, 어서 셋째 따님과 혼인하게 해주세요."

재상은 애지중지 키운 셋째 딸을
*떡 부엉이 같은 총각에게 빼앗길까 봐 호통을 쳤지.

"예끼, 이놈!
언제 내 딸을 너 같은 녀석한테 시집 보낸다고 했단 말이냐?"
"그럼, 거짓말 두 번 했습니다."

재상은 큰일 났다 싶었어. 그래서 이제는 시골 총각이
무슨 말을 하든 무조건 그렇다고 하기로 마음먹었어.

"대감마님! 석 달 전에 제가 뒷산의 돌부처 앞을 지나갔지요.
그런데 돌부처 뒤의 대추나무에 주먹만 한 대추가
주렁주렁 열려 있었습니다. 대감마님께서도 잘 아시죠?"

- **떡 부엉이**: 너절하고 상스러운 사람

"흠! 그건 나도 알고말고, 그런데?"
"그 나무의 키가 워낙 커 대추를 딸 수가 없어서,
제가 돌부처 콧구멍을 살살 간지럽혔지요.
그랬더니 돌부처가 재채기하는 바람에,
대추가 와르르 쏟아졌지요.
그때는 대추값이 비쌀 때라 한 광주리에 천 냥이나 하였는데,
마님께서 세 광주리 사셨지요?"
"흠! 그건 나도 알고말고, 그런데?"
재상은 이번에는 안 넘어갔다 싶어 흐뭇하게 웃으며 말했어.
"그때 대감마님께서 대추를 외상으로 사시며,
대추값은 석 달 뒤에 주겠다고 약속하셨지요.
오늘이 바로 그날이니, 어서 대추값을 주십시오."

재상은 거짓말이 아니라고 하면 상금 천 냥을 주어야 했어.
또 그런 일이 있었다고 하면 삼천 냥을 내주어야 했지.
그래서 기가 탁 막혀 버럭 소리 질렀어.

"예끼, 이놈! 내가 언제 네 대추를 샀다는 말이냐?"
"예. 그럼, 거짓말 세 번 다 했지요?
 그러니 약속대로 상금 천 냥을 주십시오."

그러나 처음부터 돈을 줄 마음이 없었던 재상은
얼렁뚱땅 얼버무렸어.

"내게 지금 돈이 없어 나중에 줄 테니,
 그리 알고 썩 물러가 있거라!"

그러자 시골 총각이 벌떡 일어나 당당하게 말했어.

"돈 천 냥을 바라고 온 것이 아니니, 그만두십시오.
 그 대신 참말 한 말씀 드리겠습니다.
 이제부터는 먹고살기 바쁜 백성들을 재미로 삼는
 *바스락장난은 하지 마시고,
 가난한 백성들이나 보살펴 주십시오."

그러더니 시골 총각은 뒤도 안 돌아보고 가버렸대.

● **바스락장난**: 바스락거리는 정도의 좀스러운 장난

변호사가 되어 함께 해결하기

재상은 시골 총각에게 1,000냥을 주어야 할까요?

"**현상광고**는 광고자가 자신이 정한 행위를 한 사람에게 대가를 주기로 하고, 다른 사람이 그 광고에 정한 행위를 마침으로써 그 효력이 생긴다."라는 **민법** 규정이 있어요. 이야기 속에서 고향으로 돌아온 재상이 "누구든 한꺼번에 세 가지 거짓말을 하는 사람에게 1,000냥을 상으로 주겠다."라고 광고했지요. 이것이 바로 우리 **민법**에서 말하는 **현상광고**에 해당해요.

그렇다면 총각은 재상에게 어떤 것을 요구할 권리가 있을까요? 현상광고를 한 사람은 자신이 정한 행위를 한 사람에게 광고에서 정한 대가를 줄 의무가 있고, 그 행위를 마친 사람은 광고자에게 대가를 달라고 할 수 있어요. 따라서 세 가지 거짓말을 한 시골 청년은, 재상에게 광고에서 정한 1,000냥을 달라고 할 수 있어요.

현상광고가 이용되는 예를 생각해 볼까요?

현상광고는 사람이나 물건을 찾는 데 자주 이용되고, 문학과 과학의 발전에도 기여해요. 신문이나 TV에서 잃어버린 어린이를 찾아주면 돈을 주겠다는 광고, 신춘문예 당선자에게 상금을 준다는 광고, 그리고 미세먼지 문제를 해결하는 사람에게 상금을 주겠다는 광고를 볼 수 있는데, 모두 **현상광고**입니다.

현상광고를 만들어볼까요?

첫째, **현상광고**는 광고에 정한 행위의 완료에 조건이나 기한을 붙여야 해요. 완료 기간을 정하면 그 기간 이전에는 광고를 철회할 수 없어요. 그런데 완료 기간을 정하지 않은 경우, 행위를 완료한 자가 있기 전에는 **현상광고**와 같거나 비슷한 방법으로 철회할 수 있어요.

둘째, **현상광고**가 무효가 되지 않게 내용을 적어야 해요. 공서양속에 반하는 내용인 경우, 법령에 위반되는 경우는 **현상광고**가 무효가 됩니다.

셋째, 우수자를 뽑는 우수 **현상광고**에서 우수를 판정하는 사람은 광고에서 정한 사람 또는 광고자가 하게 됩니다.

넷째, 먼저 행위를 완료한 자가 보수를 받을 권리가 있어요. 동시에 여러 사람이 완료하면 사람 수대로 나눠 받거나 추첨으로 보수를 받을 사람을 결정하게 됩니다.

11
원숭이의 재판

어느 날 몹시 배고파 지친 늑대가 산길에서 여우를 만났어.

"아니, 자네 여우가 아닌가? 지금 어디에 가는 길인가?"
"배가 너무 고파서 어디 먹을 게 없나 하고 나왔지.
그런데 오늘은 웬일인지 생쥐 한 마리 보이지 않네."

이 말을 들은 늑대는 반가워하며 말했어.

"자네도 그런가? 그럼, 우리 같이 다니세.
둘이 찾으면 혼자 찾는 것보다 낫지 않겠나?"

늑대와 여우는 먹이를 찾아 함께 나섰지.

"앗, 저것은 고깃덩이 아냐?"

앞서던 여우가 고깃덩이를 발견하고 소리쳤어.
그런데 그사이에 늑대가 재빠르게 달려가 입으로 덥석 물었지.

"우와! 오늘은 참 재수가 좋은 날이군.
단번에 맛 좋은 고깃덩이가 생기다니 말일세!"

여우가 헐레벌떡 뒤따라와 말하자 늑대는 딴청을 부렸어.

"그렇지만 자네는 좀 섭섭하겠네.
같이 나왔다가 나 혼자만 고기를 얻었으니 말이야.
저 고개 너머로 한번 가 보게.
어딘가 또 더 큼직한 것이 떨어져 있을지도 모르지 않나?"

그러고는 고깃덩이를 물고 가 버리려 했어.

"뭐라고? 아니 그게 어째서 자네 것이라는 말인가?
내가 먼저 발견했으니 내 것이지."
"무슨 소리인가? 내가 먼저 집었는데 자네 것이라니!
어림도 없는 소리 말게."
"내가 먼저 보고 말했지 않았나?"
"말만 하면 무엇하나? 직접 주운 자가 주인이지."

늑대와 여우는 조금도 양보하지 않았어.
그때 마침 나무 위로 꾀 많은 원숭이 한 마리가 나타났어.

"좋아. 그럼, 저 영리한 원숭이에게
누구 말이 옳은지 물어보자."

여우가 순순히 물러서지 않자,
늑대는 마지못해 원숭이에게 갔어.
원숭이는 이야기를 다 듣고 나더니 점잖은 척 말했지.

"친구 사이에 누가 먼저 보았다거나 누가 먼저 집었다거나
그것을 가지고 다투다니 부끄러운 일 아닌가?

내가 어느 쪽이나 불만이 없게 고깃덩이를
둘로 똑같이 나눠주면 어떻겠나?"
"그래, 그게 좋겠네."

늑대와 여우는 원숭이의 말이 그럴듯하다고 생각했어.
꾀 많은 원숭이는 일부러 고깃덩이를
한쪽이 더 크게 나누며 말했지.

"자, 똑같지? 이것은 늑대가 갖고 또 저것은 여우가 갖고……."

그러자 늑대가 받지 않고 불평했어.

"내 것이 더 작아. 여우 것이 훨씬 크잖아."
"아, 그렇군! 똑같아야 공평하지."

원숭이는 여우의 고깃덩이를
덥석 잘라 먹고는 다시 두 덩이를 견주어 보았어.
이번에는 여우가 불평했어.

"내 것이 더 작아. 늑대 것이 훨씬 크잖아."
"아, 그렇군! 똑같아야 불평이 없지."

원숭이는 이번에는 늑대의 고깃덩이를
덥석 떼어먹고 나서 다시 견주어 보았어.

이러면서 원숭이는 자꾸만 고깃덩이를 먹었어.
늑대와 여우는 점점 울상이 되었어.
그래도 서로 남이 더 큰 것을 차지하는 것이 싫어서
원숭이가 하는 대로 보고만 있었지.
그러는 사이에 고깃덩이는 아주 작아졌어.

"아무리 나눠줘도 불평뿐이니 난 그만 가 보겠네.
이제는 자네들이 나눠보게."
원숭이는 마침내 콩알만 한 고깃덩이를 휙 던지고는
재빠르게 가버렸어.
"아이코, 이건 내 거야." "아냐, 내 거야."

늑대와 여우는 콩알만 한 고기도 서로 빼앗으려다
그만 지쳐서 주저앉아 버렸어.

"아이고 배고파!"
"꼬르륵, 꼬르르륵……."

그 후로 늑대와 여우는 콩 한 쪽도
사이좋게 나누어 먹었대.

변호사가 되어 함께 해결하기

주인을 모르는 고깃덩이나 음식을 발견했을 때 먹어도 될까요?

늑대와 여우가 주운 고깃덩이는 **유실물**이에요. **유실물법**에 따르면 유실물을 주운 사람은 신속하게 그 소유자에게 돌려주어야 해요. 이때 돌려받은 사람은 습득자에게 **보상금**을 지급하여야 합니다. 물건 주인을 찾을 수 없다면 그 물건을 경찰서나 파출소에 제출하여야 하고, 경찰서에서는 게시판에 그 사실을 공고하여야 해요. 공고 후 6개월 이내에 소유자가 나타나 권리를 주장하지 않으면 **유실물**을 주운 사람이 **소유권**을 획득하게 되지요. 그런데 물건을 주운 사람이 습득한 날로부터 7일 이내에 신고하지 않았다면 **소유권**을 취득할 권리가 없어져요.

　유실물이 문화재라면 누구의 소유일까요? 문화재는 나라의 소유가 됩니다. 그러나 습득자는 국가에 적당한 보상을 청구할 수 있어요. 만약 주운 물건이 개인 소유가 금지된 물건이거나 범인이 사용한 물건이라면 어떻게 될까요? 소유나 소지가 금지된 물건이나, 범행에 사용된 것으로 보이는 물건은 소유자가 나타나지 않더라도 발견자에게 돌려주지 않습니다.

이 이야기에서 고깃덩이는 누구의 것일까요?

위에서 말한 기간 내에 고깃덩이의 주인이 나타나지 않는다면 먼저 발견한 여우와 먼저 입에 문 늑대가 나누어 가져야 해요. 처음부터 늑대와 여우가 먹이를 함께 찾아보기로 약속하였기 때문에 고깃덩이는 나누어 먹어야 해요.

주운 물건이 상할 염려가 있을 때는 어떻게 처리하는 것이 좋을까요?

물건을 주워 경찰서에 제출한 경우, 주인이 나타날 때까지 기다리면 고깃덩이가 썩지 않을까요?

이 경우를 대비하여 경찰서장은 **유실물**이 썩거나 가치 손상이 심해진다고 판단되면 **유실물**을 팔아 돈으로 보관할 수 있어요. 그리고 6개월이 지난 후 소유자가 나타나지 않으면 발견자에게 돌려주어야 해요. 그러면 늑대와 여우는 썩은 고기가 아니라 돈을 받게 되어 별문제가 없겠지요. 다만 그때까지 기다리려면 너무 배가 고프겠군요.

12
앞 못 보는 신통방통이와 삼백 냥

어느 마을에 앞 못 보는 총각이 있었어.
그런데 총각은 나는 새의 소리만 듣고도
*방통이로 **신통하게 새를 잘 잡았어.
그래서 사람들은 그를 '신통방통이'라고 불렀어.
재물 있는 집에서는 이 놀라운 재주를 보고 싶어 했어.
그래서 앞다투어 돈을 내고 신통방통이를 불렀어.
그 덕에 신통방통이는 삼백 냥이나 되는 돈을 모았지.
'내 돈이 잘 있나 세어 봐야지. 차곡차곡 모아,
나도 착한 처녀를 만나 딸도 낳고 아들도 낳고 잘살아 봤으면!'
앞 못 보는 신통방통이는,
밖에 나갔다가 돌아오면 늘 돈궤를 꺼내
기쁜 마음으로 만져 보곤 했어.

● **방통이**: 내기할 때나 새를 잡을 때 쓰는 작은 화살
●● **신통하게**: 이상하고도 묘하게

어느 날 저녁, 옆집에 사는 °망건장이가 찾아왔다
그 모습을 보았지. 그리고 넌지시 말했어.

"자네 그동안 알뜰하게 돈을 많이 모았나 보군!
그런데 들리는 말로는, 요즘 도둑이 방 안에 들어와서
자물통까지 비틀고 돈을 가져간다네. 돈을 방 안에 두지 말고,
어디 아무도 모르는 곳에 잘 숨겨 두게!"
"어휴, 자네가 알려주지 않았으면 하마터면 큰일 날 뻔했군.
고맙네."

망건장이가 돌아가자, 앞 못 보는 신통방통이는
여기저기 돈을 숨겨 둘 곳을 찾아보았어.

"가만있자, 이 돈을 어디다 숨겨 두지?
옳지. 땅속에 묻어 두면
제아무리 도둑이라도 못 찾겠지?"

신통방통이는 항아리에 돈 삼백 냥을
세어 넣었어. 그리고 뒤뜰 땅속에 잘 묻었어.

- **망건장이**: 망건 뜨는 일을 직업으로 가진 사람

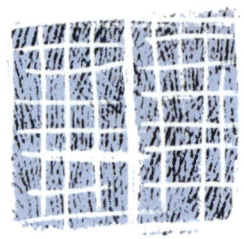

그런데 그때 옆집의 망건장이가
담 너머로 다 훔쳐보았지.
다음 날 아침 일찍, 망건장이가 신통방통이를 찾아왔어.

"이 사람아! 자네도 이제 나이가 꽉 찼으니 장가를 가야지.
내가 이웃 마을의 용한 중매쟁이한테
자네 이야기를 해 두었으니, 어서 찾아가 보게."

망건장이는 신통방통이를 내보낸 뒤, 몰래 뒤뜰로 갔어.
그리고 땅속에 묻혀 있는 항아리를 꺼냈지.

"으히히히, 이 돈이면 몇 년 동안 실컷 쓸 수 있겠는걸!
본 사람은 아무도 없고,
게다가 신통방통이는 앞 못 보는 형편이니,
무슨 재주로 도둑을 잡을 수 있겠어?"

망건장이는 항아리에 돈 대신
돌멩이를 가득 넣어 두었어.
저녁 무렵 집으로 돌아온 신통방통이는,
여느 때처럼 항아리를 열어 보았어.

"내 돈이 잘 있나?
아니 이럴 수가! 이 마을 저 마을 헤매며
한 푼 두 푼 모은 돈을 고스란히 잃다니!
먹지 않고 입지 않으며 서 푼 너 푼 모은 돈이
온데간데없다니!"

신통방통이는 기가 막혀 밤새
이리 뒤척 저리 뒤척 잠을 이루지 못했지.
한참 동안 넋을 잃고 있다가,
첫닭이 울자 신통방통이는 정신을 가다듬고 일어났어.

"이렇게 주저앉아 울고만 있을 수는 없어!
이 못된 도둑을 꼭 잡고야 말 테야.
가만, 아무래도 옆집 망건장이가 의심스러워.
내 돈에 대해 이러쿵저러쿵 관심이 많았단 말이야.
하지만 증거가 없으니 어떻게 돈을 도로 찾지?"

신통방통이는 침착하게 이 궁리 저 궁리 했지.
그리고 아침이 훤히 밝아 오자 옆집을 찾아갔어.

"아니, 자네 웬일인가?"
"사실은 어제 중매쟁이를 찾아간 일이 잘될 것 같네.
이제야 나도 장가를 가게 될 모양이야."
"그것참, 잘 되었네그려."
"그런데 한 가지 걱정이 있네."
"아니, 무슨 걱정인가?"
"……."

"허허, 내게 말 못 할 게 뭐가 있나? 어서 말해 보게."
"실은 내가 그동안 장가갈 밑천으로 돈 육백 냥을 모아 두었네.
 삼백 냥은 돈궤 속에 넣어 튼튼한 자물통으로 잠가 두었고,
 나머지 삼백 냥은 아무도 모르는 곳에 숨겨 두었지."

망건장이는 나머지 삼백 냥이 더 있다는 말에 귀가 솔깃해졌지.

"그런데 내가 장가간다고 하면, 돈이 많은 줄 알고
 도둑이라도 들까 봐 큰 걱정이네."
"요즘 인심이 어지러우니 그럴 수도 있겠군. 큼큼."
"그러니 자네 생각에는 어디에 돈을 감춰야 안전할 것 같나?"
 망건장이는 세상에 이렇게 어수룩한 °얼뜨기가 다 있나
 생각하며 은근슬쩍 말했어.

● **얼뜨기**: 다부지지 못하고 겁이 많아 얼빠진 데가 있는 사람

"내 생각에는 방 안이 아닌 곳에 두는 것이
제일 안전할 것 같네."
"그럼, 오늘 밤에는 돈을 다시 잘 세어 놓고,
내일 아침 동이 트자마자 숨겨 둬야겠군."

그날 밤, 망건장이는 훔쳐 갔던 삼백 냥을
다시 항아리 속에 넣어 놓았어.
'히히, 잘하면 하루 만에 삼백 냥을 더 벌게 생겼군.
훔친 삼백 냥을 다시 제자리에 묻어 두면,
저 미련한 녀석이 안전하다고 생각하고
나머지 돈도 여기에 묻겠지?'
망건장이가 돌아가자, 신통방통이는 항아리에서
돈을 꺼내고 대신 돌멩이로 가득 채워 놓았어.
다음 날 아침, 망건장이는 신통방통이의 집이 빈 것을 알고
몰래 땅을 파보았어.

"아니, 이게 어떻게 된 거지?
온통 돌멩이뿐이잖아?"

그때 신통방통이가 나타나자, 망건장이는 기절초풍하였지.

"자네! 거기서 뭘 하는 건가?"
"으악! 저……."
"이놈아! 너는 두 눈을 가졌으면서, 나보다 더 앞을 못 보는구나.
그래, 내가 네놈에게 또 당할 줄 알았느냐?
이웃 간에 이런 몹쓸 짓을 하다니…….
네놈이 돈에 두 눈이 다 멀어,
사람이 할 짓인지 짐승이 할 짓인지 분간도 못 하는구나.
어디, 내 방통이 맛을 한번 봐야 정신을 차리겠느냐?"

그러자 망건장이는 걸음아 나 살려라 하며
자기 집으로 달아났지. 그 후 이 소문은 온 동네에 퍼져,
망건장이는 얼굴을 들고 다니지 못하게 되었어.
그리고 앞 못 보는 신통방통이는 신통방통하게
정말 착한 처녀에게 장가가서
오래오래 잘살았대.

변호사가 되어 함께 해결하기

똑같은 형태의 잘못을 저질러도 처벌받는 형벌의 종류나 처벌의 정도가 달라질까요?

남의 물건을 훔쳐 '**절도죄**'로 처벌받더라도 형벌의 종류가 다를 수 있습니다. 판사는 범인이 그 죄를 저지른 이유, 범인의 나이, 성품, 지능, 환경, 피해자와의 관계, 범행의 수단 등을 골고루 생각하여 범인에게 징역형을 선고할 수도 있고 벌금형을 선고할 수도 있어요. 또한 판사는 위와 같은 사정을 골고루 생각하여 징역 몇 년을 선고할 것인지, 벌금 얼마를 선고할 것인지 등을 결정해요.

그런데 **절도죄**라도 **가중 처벌**하는 경우가 있습니다. 왜 그럴까요? 상습절도처럼 범죄가 반복되고 습관화되면 **가중** 처벌합니다. 왜냐하면 가벼운 형벌이 경고 효과가 없다고 보기 때문입니다. 야간에 주거 침입하여 절도하는 **야간주거침입절도**나 흉기를 휴대하거나 여러 명이 함께 훔치는 **공동범행**은 **특수절도죄**로 **가중 처벌**해요. 왜냐하면 범행 수법이 피해자에게 큰 위협을 줄 수 있기 때문입니다. 절도 피해액이 큰 경우에도 무겁게 처벌합니다. 피해의 정도나 피해자 수가 많기 때문이지요. 그 반대로 건강이 나쁜 사람, 노인, 미성년자, 초범 등 감경 사유도 있습니다. 이렇게 개별 사건의 구체적인 상황에 따라 감경 사유와 가중사유를 종합적으로 고려하여 최종 형량을 결정합니다.

망건장이 같은 경우에는 처벌의 정도가 어떻게 될까요?

망건장이는 남의 물건을 훔쳤기 때문에 '**절도죄**'로 처벌받게 되지요. 그런데 감경 사유나 가중사유가 있나요? 앞 못 보는 불쌍한 이웃을 속여 어렵게 모은 돈을 훔친 행동, 한 번이 아니라 계속 나머지 돈도 훔치려 한 행동은 가중사유가 됩니다. 그래서 만건장이는 단순한 **절도죄**를 저지른 보통의 범인들보다 훨씬 무거운 처벌을 받아야겠지요.

망건장이가 저지른 범죄는 몇 개일까요?

첫째, 신통방통이가 중매장이를 찾아간 틈을 타서 숨겨둔 돈 삼백 냥을 훔쳐 갔어요. 그래서 **절도죄**를 저질렀고 나중에 다시 그 돈을 묻어두었다 해도 이미 성립한 죄가 없어지지는 않습니다.

둘째, 다음 날 망건장이는 육백 냥을 훔치기 위해 땅을 파서 신통방통이가 묻어둔 항아리를 꺼내 살펴보았어요. 그때 돈이 들어있지 않아서 훔치지는 못했지만, 그 행위도 **절도미수죄**가 되지요.

셋째, 삼백 냥을 훔치기 위해 낮에 신통방통이의 뒤뜰에 함부로 들어간 행위는 절도죄와는 별도로 **주거침입죄**가 성립될 수 있어요. 그리고 밤에 육백 냥을 훔치기 위해 뒤뜰에 들어가서 묻어둔 항아리를 꺼낸 행위는 **야간주거침입절도죄**의 미수범이 됩니다. 결국 망건장이는 **주거침입죄, 절도죄, 야간주거침입절도미수죄**로 세 개의 범죄를 저지른 거예요.

13
잔꾀 부린
소 장수

어느 산속에 가난한 산승이 있었어.
그는 짚신을 삼아 장에 내다 팔아 그 돈으로 부처님을 섬겼어.
어느 날, 산승은 장에 갔다 돌아오다
길에서 •전대 한 개를 주웠지.

"이게 웬 돈주머니지?
누군가 장에 물건 사러 가다가 떨어뜨렸나 보군!
쉰 냥이나 되는 큰돈을 잃었으니,
돈 주인은 얼마나 애가 탈까?
어서 주인을 찾아주어야겠다."

- **전대**: 허리에 두르거나 어깨에 메는 자루(중간을 막고 두 끝을 터서 그곳으로 돈이나 물건을 넣게 되어 있음)

산승은 잘 아는 주막집에 돈주머니를 맡기며
짚신 판 돈을 전대에 함께 넣었어.
그리고 돈을 잃은 사람을 찾으러 다시 장으로 갔어.
그런데 한참을 찾아도, 돈 주인은 나타나지 않았어.

"날은 저물기 시작하는데 어쩌지?
 지금쯤 돈 주인의 마음고생이 이만저만이 아닐 텐데……."

그때 웬 남자가 이리저리 두리번거리며
허둥지둥 달려오고 있었지.

"아이고, 이를 어쩌나! 내 돈, 내 돈!"
"옳지, 저 사람이 돈 주인인가 보군."

산승은 확인해 보려고,
그 남자를 불렀어.

"여보시오, 대체 무슨 일로 그러시오?"
"아이고! 저는 소 장수인데,
 소 한 마리 값을 몽땅 잃어버렸으니 분해서 어찌합니까?"
"그 돈이 얼마나 되는데요?"
"쉰 냥이오! 돈주머니에 넣어 허리에 단단히 찼는데,
 그걸 잃어버렸지 뭡니까? 아이고, 내 돈! 어디 가서 찾나?"

소 장수는 땅을 치고 발을 굴렀어.

"제가 마침 전대 하나를 주워 임자를 찾던 중인데,
 이제야 주인을 만난 것 같군요."
"예? 그게 정말입니까?

산승은 주막집에 맡겨 둔 돈주머니를 찾아,
소 장수에게 주었어.

"자, 이 두 냥은 제가 짚신 판 돈이고, 쉰 냥은 여기 있습니다."

산승은 두 냥을 꺼내고, 돈주머니를 소 장수에게 주었어.
그런데 뛸 듯이 기뻐하던 소 장수가
갑자기 표정을 바꾸며 말했지.

잔꾀 부린 소 장수

"아 참! 내가 잃어버린 돈은 쉰 냥이 아니라 쉰두 냥입니다."
"예? 아니, 아까 분명히 솟값 쉰 냥이라고 하지 않았소?"
"아까는 내가 너무 급한 나머지 솟값만 말하고 삼뱃값 두 냥을
깜박 잊고 말하지 않았는데, 이제야 생각이 났습니다.
그게 스님의 돈이라면 왜 제 돈주머니 속에 있겠습니까?"
"이 돈은 내가 짚신 판 돈인데, 넣을 주머니가 없어서 함께 넣어
둔 것이오. 이제 와서 갑자기 말을 바꿔
삼뱃값이 같이 들어있었다니, 말이 안 되지 않소?"

산승은 너무 기가 막혔어. 애써 돈을 찾아주었더니,
고맙다고 하기는커녕 오히려 남의 돈까지
가로채려는 소 장수의 심보가 괘씸했어.

두 사람은 한참 실랑이하다가, 사또의 판결을 받기로 했어.
사또는 먼저 소 장수에게 물었지.

"소 장수가 잃어버린 돈이 쉰두 냥이 틀림없으렷다!"
"예, 틀림없습니다. 누구 앞이라고 감히 거짓말을 하겠습니까?"

사또는 고개를 끄덕이며 산승에게 물었어.

"스님이 길에서 주운 돈주머니 속에는 쉰 냥밖에 없었습니까?"
"예, 틀림없이 그렇습니다."

이번에도 사또는 고개를 끄덕였어.
그러자 소 장수와 산승이 차례로 말했어.

"사또 나리! 제 솟값을 부처님 같은 스님이 찾아주셨는데,
제가 스님 돈까지 빼앗으려 할 리가 있겠습니까?"
"그럴 테지."
"제가 만약 돈이 탐났다면 쉰 냥을 주워 다 갖고 가 버리지,
뭐 하러 주인을 찾길 기다렸다가
쉰 냥은 돌려주고 두 냥만 가져가겠습니까?"
"그 말도 옳은 것 같군."

고개만 끄덕이던 사또는 다시 산승에게 물었어.

"스님이 두 냥을 전대에 넣을 때,
 누군가 본 사람이 있습니까?"
"예, 주막집 주인이 보았습니다."

 사또는 증인으로 주막집 주인을 불러들였지.

"이 스님이 돈주머니를 맡길 때 뭐라고 했는가?"
"짚신 판 돈이라면서 두 냥을 돈주머니에 넣었습니다."

그제야 소 장수는 잘못하다가는
남에게 없는 죄를 뒤집어씌웠다고 큰 벌을 받겠다 싶었지.

"사또 나리! 그까짓 두 냥,
부처님께 드렸다고 치고 그냥 쉰 냥만 갖고 가겠습니다."

그러자 소 장수의 속셈을 안 사또가 판결했어.

"아니다. 내 너희 세 사람의 말을 들고 보니,
모두 틀림없는 사실인 것 같다.
소 장수가 잃어버린 돈은 쉰두 냥이고
중이 주운 것은 쉰 냥이니,
스님이 주운 것은 소 장수의 것이 아닌 것이 분명하다.
그러니 스님은 진짜 돈 주인을 찾아 돌려주도록 하여라!"

그래서 판결에 따라 쉰 냥은
산승의 것이나 마찬가지였지.
그래서 잔꾀를 부리던
소 장수는 한 푼도 못 찾게 되었어.
관가에서 나온 소 장수는
쉰 냥을 못 잊어 훌쩍거리며
터덜터덜 산승 뒤를 따라갔어.
그러자 산승이 소 장수를 불러
다시 물었어.

"그래, 솟값 몇 냥을 잃었소?"
"쉰 냥입니다."
"쉰두 냥이지요."
"아닙니다. 쉰 냥입니다."
"이제야 바른말을 하는군!
내 어찌 부처님을 섬기면서 남의 돈을 손에 넣겠소?
자, 이 돈을 받으시오.
그리고 이제부터는 마음보를 고쳐
소승이 관의 판결을 어기게 하지 마십시오."

소 장수는 코를 땅에 박고 넙죽 절을 하였고,
사람들은 산승에게 고개를 숙였대.

변호사가 되어 함께 해결하기

양쪽 주장이 서로 다르고, 각각의 주장에 대한 증인의 이야기가 서로 다를 때에 어느 쪽 말을 믿어야 할까요?

재판에서 어떤 사실을 인정하려면 그 사실에 알맞은 증거가 있어야 해요. 그런데 증거는 서로 엇갈리고 모순되는 것들이 많게 마련이지요. 예를 들면 어떤 증인은 피고가 원고를 때렸다고 증언하고, 다른 증인은 원고가 피고를 때렸다고 증언합니다. 이럴 때 어떤 증인의 말을 믿을 것인지, 얼마만큼 믿을 것인지는 법원이 판단해야 해요. 법원은 재판 과정에서 드러난 여러 사정과 증거조사 결과를 참작하여 자유롭게 판단할 수 있어요. 다만 이때에는 사회정의와 공평한 마음으로 논리와 경험 법칙에 어긋나게 결정하면 안 됩니다.

   이 이야기에서 보면 산승과 소 장수의 말이 서로 달라요. 사또는 누구의 말을 믿어야 할지 고민스럽겠지요. 그러나 다행히 주막집 주인이 증인이 되어 두 냥은 산승의 것이라고 증언하였기 때문에, 사또는 쉽게 판결할 수 있었을 거예요.

산승이 소 장수의 전대에 2냥을 넣은 것을 주막집 주인이 보았습니다. 만약 주막집 주인이 그것을 보지 못했다면, 여러분은 소 장수와 산승 중 누구의 말이 옳다고 생각하나요?

산승은 50냥을 주워 주인을 찾아주려고 노력했어요. 그런 사람이 2냥을 욕심낸다는 것은 이상하지요. 그렇다면 거짓말하는 사람은 산승이 아니라 소 장수라고 판단할 수 있을 것입니다. 소 장수는 재판 전에도 잃어버린 돈이 50냥이라고 했다가 말을 바꾸어 52냥이라고 했어요. 재판 중에는 52냥을 잃어버렸다고 했다가 재판 결과가 불리해질 것 같으니, 갑자기 50냥만 받겠다고 합니다. 소 장수의 이런 주장의 번복은 재판 과정에서 드러난 여러 사정에 해당합니다. 또한 50냥을 가질 수도 있는 산승이, 2냥을 속여 가지려 했다는 것은 **경험 법칙**에 맞지 않지요. 그래서 결국 산승의 말을 믿는 것이 옳아요.

14
고양이와
네 명의 목화 장수

어느 마을에 목화 장수 네 사람이 있었어.
그들은 똑같이 돈을 내어 *동무장사했어.
싼 목화가 있으면 사서 창고에 가득 보관해 두었다가,
값이 오르면 내다 파는 일이었어.
그런데 이들에게는 큰 골칫거리가 있었어.
창고 속에 사는 쥐가 목화를 자꾸 못 쓰게 만들곤 했어.

"아무래도 고양이가 있어야겠어."

네 사람은 똑같이 돈을 나눠 내고,
고양이 한 마리를 샀지.

● **동무장사**: 두 사람 이상이 같이 하는 장사

"그런데 누가 고양이를 책임지지?"
"돈도 똑같이 냈으니 책임도 똑같이 지지, 뭐."
"그러면 네 사람이 고양이 다리를 하나씩 맡아 책임지고
보살피기로 하면 어때?"
"그게 좋겠어."

그러던 어느 겨울날, 고양이가 미끄러지며 다리 하나를 다쳤어.

"내가 맡은 다리이니 내가 치료해 줘야지."

그 다리를 맡은 목화 장수가 솜에 °산초기름을 찍어 고양이
다리를 동여매 주었어.
그런데 그때 마침, 고양이가 불을 쬐려고 아궁이 옆으로 갔어.
그러다가 다리를 싸맨 산초기름이 묻은 헝겊에
불이 붙고 말았지.

"야옹! 야옹! 야옹!"

● **산초기름**: 산초나무의 열매로 짠 기름

놀란 고양이가 이리저리 뛰다가 창고 안으로 도망치는 바람에,
불이 그만 목화 더미에 옮겨붙었어.
불은 순식간에 번져 목화는 잿더미가 되고,
네 사람은 빈털터리가 되었지.
그러자 고양이의 성한 다리를 맡은
세 사람이 다친 다리를 맡은 한 사람에게 따졌어.

"이번 불은 순전히 자네 때문이야.
하필이면 왜 불 잘 붙는 산초기름을 찍은 솜으로
그 상처를 싸매 주었나?"
"맞아! 그것 때문에 고양이 다리에 불이 옮겨붙었고,
결국 목화가 다 타 버린 거 아냐!"

"자네 잘못으로 우리까지 손해를 봤으니,
어서 목화값을 다 물어 내게."

그러나 그 사람으로서는 억울한 일이었어.

"내가 고양이에게 그러라고 시킨 것도 아니고,
나도 손해를 본 것은 마찬가지지 않나?
그런데 나보고 목화값을 다 물어내라니!
그건 너무하지 않은가?"

그러나 세 사람은 들은 척도 하지 않고,
그 고을 사또에게 판결을 부탁했어.
이야기를 들은 사또는 세 사람이
한 사람에게 잘못을 돌리려는 것이 괘씸했지.

"여봐라! 이번 일은 너희 세 사람의 잘못이니,
오히려 저 사람에게
목화값을 물어 주도록 하라."
"예? 사또 나리, 그게 무슨 말씀입니까?"
"분명히 저자가 고양이 다리를
산초기름을 묻힌 솜으로 싸매었기에 불이 붙지 않았습니까?"

"그러니 목화값은 저희가
 받아 내야 옳지요."

사또는 세 사람에게 물었어.

"듣거라!
 고양이가 아궁이 옆에만 있었다면,
 목화에 불이 붙지 않았을 것 아니냐?"
"예, 그야 당연한 말씀입니다."
"그런데 불이 붙은 고양이가 목화 창고로 도망치고 말았고,
 그때 어느 다리로 뛰어갔지?"
"그야, 나머지 성한 세 다리로 도망쳤겠지요."
"그렇다면 성한 다리 때문에 불이 난 것이 아니냐?
 그러니 목화값은 성한 다리를 맡은
 너희 세 사람이 물어 주도록 하라!"

그래서 목화값은
세 사람이 다 물게 되었대.

불을 내서 남의 재산을 태웠을 때, 모든 경우에 그 손해를 물어 주어야 할까요?

우선 일부러 불을 내거나 실수로 불을 냈을 때는 당연히 상대방의 모든 손해를 물어 주어야 해요. 하지만 조그마한 실수로 불을 내서 이웃에 불을 옮긴 경우에는 화재의 원인, 규모, 불을 낸 사람과 피해자의 경제 상태와 같은 여러 사정을 고려해서 손해배상 금액을 낮춰 줄 수 있어요.

이 이야기에서 누가 누구에게 목화값을 물어 주어야 할까요?

네 명의 목화 장수는 고양이를 공동으로 소유한 공유자입니다. 네 사람은 고양이를 관리할 책임이 똑같이 있어요. 그러므로 고양이로 인하여 남에게 입힌 손해는 원칙적으로 공동으로 배상해야 해요. 그러나 네 사람의 잘못이 똑같지 않다면 네 사람 사이에서는 각자 잘못의 비율에 따라 책임을 분담해야 해요. 고양이의 다리에 불이 붙기 쉬운 산초기름을 바른 것은 한 사람이니까 이 사람이 모든 손해를 책임져야 할까요? 한 사람의 책임이라고 보기는 어려워 보여요. 이유가 무엇일까요?

    한 사람이 고양이의 다리에 산초기름을 바른 솜으로 다리를 매어 준 행동은 잘못이 아닙니다. 오히려 그 당시에 동물을 돌보는 좋은 행동입니다. 고양이 다리에 산초기름을 묻힌 솜을 싸준 것이 불이 나게

하는 실수라고 볼 수는 없어요. 그러니까 고양이 다리를 치료해 준 목화 장수 혼자서 불탄 목화값을 물어 줄 필요는 없어요.

그렇다면 성한 다리를 보살피기로 하였던 세 명이 목화값을 물어 줘야 할까요? 그렇지 않아요. 왜냐하면 고양이는 보통 집안에서 자유롭게 돌아다니면서 쥐를 잡게 마련이므로, 고양이를 돌아다니게 한 것이 잘못이라고 볼 수는 없기 때문입니다. 더구나 고양이가 추위를 피해 아궁이 옆으로 가서 다리에 불을 붙게 될 수 있다는 것, 불이 붙은 다리로 쥐를 쫓다가 목화 창고로 들어가서 불이 날 수 있다는 것은 예측하기 어려운 일이지요.

그래도 네 사람은 산초기름이 묻은 고양이를 아궁이 근처에 있게 했다는 것은 **주의의무**를 다하지 못한 것입니다. 그래서 네 사람이 합리적으로 화재로 인한 손해를 똑같이 책임져야 할 것입니다.

고양이가 남의 집 아이를 할퀴어 상처를 입혔을 때 주인이 어떤 책임을 져야 할까요?

동물을 기르는 사람에게는 그 동물이 남에게 입힌 손해를 물어 줄 책임이 있어요. 다만 자기가 기르는 동물을 관리하는 데 많은 주의를 기울였으면 책임질 필요가 없어요. 따라서 고양이를 기를 때는 주위의 어린아이가 다치지 않도록 조심해야 해요. 또 사나운 개는 사슬로 묶거나 입마개를 채워 다른 사람에게 피해가 가지 않도록 조심해야 해요.

15
대장장이와 칼과 도끼

어느 마을에 °두름손이 좋은 대장장이가 있었어.
하루는 대장장이가 부모 잃고
구걸 다니던 거지 아이를 데려와 키웠어.
그러자 동네 사람들이 달려와 말했지.

"아니, 자네 형편도 넉넉하지 못한데
비렁뱅이 아이를 뭐 하러 데려왔나?"
"나중에 커서 키워준 공도 모를 테니,
괜히 헛수고하지 말게나."

대장장이는 조용히 말했어.

• 두름손: 일을 잘 처리하는 솜씨

"이 추위에 저 아이를 그냥 두었다가
혹시 얼어 죽을지도 모르지 않나?
그러니 약간의 수고로 사람 목숨을 살린다면,
어찌 헛수고라 하겠나?"

대장장이는 거지 아이를 쇠돌이라 이름 지어 주고,
틈틈이 대장간 일을 가르쳤어.
어느덧 쇠돌이가 자라자, 대장장이는 대장일 도구 한 벌과
푼푼이 모은 돈을 내밀며 말했지.

"쇠돌아, 네가 우리 집에 온 지도 스무 해가 넘었구나!
너도 이제 나이가 찼고 일도 능숙해졌으니,
내가 살림을 내주마.
다른 동네에 가서 네 대장간을 짓고 잘살아 보아라."
"아닙니다. 저를 구해 주시고 키워주신 주인어른을
평생 모시고 살겠습니다."

"나는 그저 사람의 도리를 했을 뿐이니,
너는 네 갈 길을 가거라.
그리고 칼과 도끼는 잘못 쓰면 사람을 해치지만,
잘 쓰면 사람에게 덕이 된다. 그것을 잊지 말거라."
"예, 이 은혜 잊지 않겠습니다."

이 소문을 들은 마을 사람들은 또다시 달려와 말했지.

"아니? 자네는 거지 아이를 데려다 그렇게 잘 키워주었으면
됐지, 뭐 하러 살림까지 내준다는 말인가?"
"나중에 그 은혜도 모를 테니, 괜히 헛일하지 말게나!"

대장장이는 조용히 말했어.

"흉년에 저 아이를 빈손으로 내보냈다가
혹시 굶어 죽을지도 모르지 않나?
그러니 약간의 재물로 사람 목숨을 살린다면,
어찌 헛일이라 하겠나?"

쇠돌이는 이웃 마을에 대장간을 차리고 잘살게 되었어.
그러던 어느 날, 대장장이가 *성냥노리를 하고 돌아와 보니
웬 사람이 피를 흘린 채 대장간에 죽어 있었어.

"아니, 원 세상에! 이게 어찌 된 일이지?"

- **성냥노리**: 대장장이가 외상으로 일해 준 값을 설 전날에 농가를 다니며 거두는 일

놀란 대장장이는 얼른 관가에 가서 신고했어.
그런데 관가에서는 오히려 대장장이를 의심하여 옥에 가두었어.
입방아 찧기 좋아하는 사람들은 엉뚱한 말만 하였지.

"대장장이가 그런 끔찍한 일을 하다니!"
"대장장이가 칼과 도끼 같은 °날붙이를 좀 잘 다루나?
 밤낮 치고 때리고 달구는 일을 하더니 결국 일을 저질렀군."

그래서 대장장이는 꼼짝없이 범인으로 몰려 죽을 날만
기다리게 되었지.

● **날붙이**: 칼, 낫, 도끼 등 날이 서 있는 연장

"아이고, 이게 웬 날벼락인가?"

이 소문을 들은 쇠돌이는 눈물을 흘리며
이곳저곳 다니며 하소연했어.

"거지 아이가 추위에 얼어 죽을까 봐
데려와 먹이고 입혀 살리신 분이,
어찌 남을 죽일 수 있겠습니까?"

그러자 어느 주막집에서 이 말을 들은 한 노인이
쇠돌이를 불렀어.

"자네의 말을 듣고 보니 사정이 정말 딱하게 된 것 같네.
내가 몇 자 적어 줄 테니 어디 한번 관가에 바쳐 보게나."
"옛날에 항적이 의황제를 길가에서 죽이니,
죄는 항적이 저지른 것이지 칼이 저지른 것이 아니다.
이제 도적이 사람을 대장간 안에서 죽이니,
죄는 도적이 저지른 것이지 대장장이가 저지른 것이 아니다."

이것은 중국 진나라 사람인 항적이
장군 항우와 함께 군사를 일으켜,

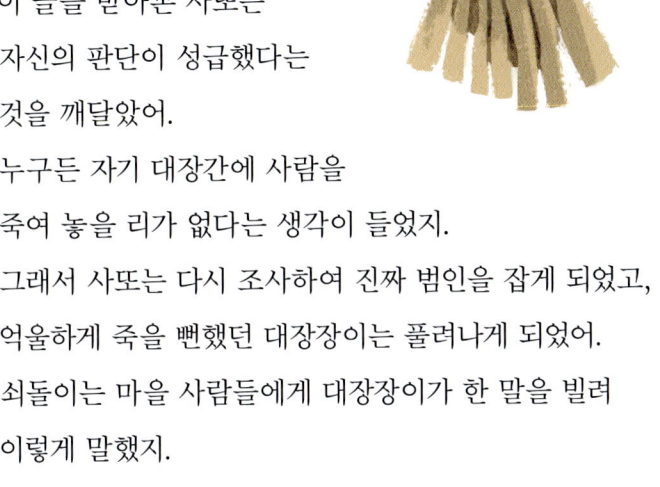

의황제를 죽인
*고사를 인용한 글이었어.
이 글을 받아본 사또는
자신의 판단이 성급했다는
것을 깨달았어.
누구든 자기 대장간에 사람을
죽여 놓을 리가 없다는 생각이 들었지.
그래서 사또는 다시 조사하여 진짜 범인을 잡게 되었고,
억울하게 죽을 뻔했던 대장장이는 풀려나게 되었어.
쇠돌이는 마을 사람들에게 대장장이가 한 말을 빌려
이렇게 말했지.

"저희 어른께서는 제게 칼과 도끼는 잘못 쓰면 사람을 해치지만,
잘 쓰면 사람에게 덕이 된다고 하셨지요.
여러분의 입도 칼과 도끼와 같지 않습니까?"

마을 사람들은 쓸데없는 말로 사람을 죽일 뻔한
자기 잘못을 깊이 뉘우쳤대.

● **고사**: 옛날부터 전하여 내려오는 유서 깊은 말 또는 그것을 표현한 말

변호사가 되어 함께 해결하기

대장장이가 범인이 아닐 것 같군요. 그 이유를 더 곰곰이 생각해 봅시다.

사람들은 자신의 범죄를 숨기게 마련이지요. 대장장이는 자신의 대장간에서 피를 흘리고 쓰러진 사람을 혼자 발견하였어요. 그런데 그 시체를 치우지 않고 서둘러 관가에 신고하였어요. 대장장이가 살인범이라면, 그 시체를 숨기지 관가에 신고했을 가능성이 거의 없습니다. 그래서 대장장이는 범인이 아니라고 생각한 사또의 판단이 현명합니다.

또한 살인과 같은 범죄를 저지를 때는 특별한 이유가 있게 마련이지요. 원한 관계가 있거나 돈을 빼앗기 위해서 등 사람을 죽인 동기가 분명하지 않으면, 일단 범인이 아닐 수 있다는 추측을 해봐야 해요. 더구나 거지 아이를 데려다 친자식처럼 키운 마음씨 착한 대장장이가 특별한 이유 없이 남을 죽일 까닭이 없겠지요.

무죄추정의 원칙이란 무엇일까요?

대장장이의 대장간에서 죽은 사람이 발견되어도 그 사실만으로 대장장이를 범인으로 볼 수는 없습니다. 왜 그렇게 판단해야 할까요? 바로 **무죄추정의 원칙**이 있기 때문이지요. 우리 **헌법**에 따르면 형사피고인은 유죄라고 판결받기 전에는 무죄로 추정합니다. **형사소송법**에도 같은 내용이 있어요. **무죄추정의 원칙**에 따라 범죄를 저질렀다는 직접적인 증거, 간접적인 증거, 범행의 동기 등 여러 증거와 정황을 먼저 종합해 봐야 합니다. 그래서 범인이 아닐 수도 있다는 의심이 들지 않을 정도로 범죄가 증명되어야만 유죄로 인정됩니다.

　이 이야기에서 대장장이는 하마터면 범인으로 몰려 목숨을 잃을 뻔했어요. **무죄추정의 원칙**에 비추어 본다면 진짜 범인이 잡히지 않았다고 하더라도 대장장이에게 유죄가 선고되지 않아요. 남의 생명, 몸 그리고 재산에 관하여 결정할 수 있는 사또와 같은 사람은, 정확한 판단을 할 수 있도록 사려 깊은 생각을 하고, 증거 판단을 위해 전문가의 도움도 받아야 합니다.

16
거지 노인과 내기 바둑

임금의 친척 중에 서천군이라는 사람이 있었어.
서천군은 똑똑하여 모르는 게 없을 뿐만 아니라,
그림 그리기, 악기 연주, 바둑 두기 등 못 하는 것이 없었어.
그중에도 바둑에는 워낙 뛰어나 당할 상대가 없었지.
어느 날, 누더기를 입은 한 거지 노인이 서천군을 찾아왔어.

"뉘신지요?"
"군께서 바둑을 하도 잘 두신다기에 가르침을 받으러 왔습니다."
"그럼, 어디 한판 두어 봅시다."

그런데 첫판에서 서천군은 단번에 지고 말았어.
서천군은 창피하기도 하고 분하기도 해서 내기를 걸었지.

"이번에는 내기 바둑을 합시다. 나는 돈 백 냥을 걸겠소.

노인장께서는 무엇을 걸겠소?"
"예, 저는 타고 온
말을 걸겠습니다.
약간 여위기는 했지만,
그래도 백 냥은
넉넉히 될 것입니다."

거지 노인은 사랑채에
매어 둔 삐쩍 마른
*덜렁말을 가리키면서 말했어.
두 번째 바둑에서
서천군은 아주 쉽게 이겼어.

"이제 무승부이니 한 판 더 둡시다."

세 번째 바둑에서도 서천군은 거뜬히 이기자,
기분이 아주 좋았지.

● **덜렁말:** 함부로 덜렁거리는 말

"그럼 그렇지. 나를 당할 수야 있나? 하지만 노인장께서도
여간한 실력은 아니십니다."
"허허, 아닙니다.
역시 군께선 소문대로 대단하십니다.
어쨌든 내기에 졌으니
약속대로 말을 두고 가겠습니다.
그 대신 잘 먹여, 살이나 찌워 주십시오.
제가 반년 후에 다시 와, 내기 바둑을 해서 꼭 찾아가겠습니다."
"염려 말고 어서 가서 한 수 더 배워 오십시오. 하하하."

거지 노인은 °입다짐하고 돌아갔어.
서천군은 덜렁말을 잘 먹이고,
길도 잘 들여 보기 드문 명마로 키웠지.
반년이 지나자, 거지 노인이 찾아와
다시 내기 바둑을 하자고 했어.

"정말 또 오셨군요."

● **입다짐**: 말로써 확약하여 다지는 일

군께서는 약속대로 지난번 그 말을 걸어 주십시오."

첫판에서 거지 노인은 크게 지고 말았어.

"하하하, 오늘은 지난번보다 더 못하지 않소?
그래서야 말도 돈도 모두 내 것이 되겠소."

그런데 어찌 된 일인지 두 번째, 세 번째 바둑에서는
서천군이 형편없이 지고 말았지.
한 번도 보지 못한 기묘한 수법에
서천군은 꼼짝도 못 하고 순식간에 지고 말았어.

"허, 세상에! 이런 귀신 같은 명수가 있었다니!"

서천군이 혀를 내두르며 탄복하자,
거지 노인이 부드러운 얼굴로 말했어.

"군 나리! 소인을 용서하십시오.
실은 제가 까닭이 있어 말을 돌보지 못하게 되었지요.
그래서 생각 끝에 이런 내기를 한 것입니다.
그러나 이제 말은 살찌고,
저도 말을 돌볼 수 있게 되었으니
도로 찾아가야겠습니다."
"허 참! 그랬었군요!
이렇게 고수이신 줄 모르고
오히려 제가 오만하여 실례가 많았소.
부디 내게 한 수 가르쳐 주시오."

서천군은 화를 내지 않고,
오히려 자기가 겸손하지 못했던 것을 부끄러워했지.

"지금 저하고 둔 바둑을 틈나는 대로
다시 둬보시면 될 것입니다.
그보다도 외람된 말씀이지만,
앞으로는 아예 내기 바둑은 두지 마십시오."

거지 노인은 말을 끝고 어디론가 사라져 버렸어.
그 후로 서천군은 바둑을 더욱 잘 두게 되었어.
그렇지만 다시는 잘난 척하지 않고 내기 바둑도 두지 않았대.

변호사가 되어 함께 해결하기

내기 바둑은 해도 될까요? 실력이 뛰어나면서, 이것을 숨기고 상대방과 내기하면 될까요?

어떤 사람들이 돈이나 말 등의 재물을 내기에 걸고 이긴 사람이 갖기로 하고 바둑을 두었다면, 그들은 도박죄로 벌을 받게 됩니다. 그런데 자신의 실력이 더 뛰어나면서도, 상대방과 비슷한 실력이라고 거짓말하고 내기했을 때도 **도박죄**가 될까요? 이때는 **도박죄**가 아닌 **사기죄**로 처벌받아요. 왜냐하면 도박은 우연한 결과에 대하여 돈을 거는 내기인데 실력을 속인 사람은 우연히 내기에서 이기는 것이 아니라 실력과 속임수로 반드시 이기기 때문에 도박이 아니지요. 가끔 바둑 실력이 1급이면서도 5급이라고 속여, 5급과 내기 바둑을 둔 못된 사람들이 **도박죄**가 아니라 사기죄로 잡힌 뉴스를 본 적이 있나요? 카드나 화투에 자신들만 아는 표시를 한 후 도박하여 돈을 딴 사람들도, 역시 도박죄가 아니라 이보다 형이 무거운 사기죄로 처벌받아요.

도박에서 진 경우, 내기에 건 돈을 이긴 사람에게 반드시 주어야 할까요?

도박은 법률적으로 효력이 인정되지 않는 계약입니다. 따라서 도박에서 진 사람이 도박에서 이긴 사람에게 내기에 건 재물을 건네 줄 법률상 의무는 없어요. "도박 빚은 떼어먹어도 된다."라는 말이 있는데, 이 말은 법률적으로도 틀리지 않아요.

이 이야기에서 거지 노인이 잘못한 행동은 무엇일까요?

거지 노인은 서천군과 내기 바둑을 두어 보고는, 서천군이 자신과 상대도 되지 않는다는 사실을 알았어요. 그런데도 노인은 서천군과 실력이 비슷한 것처럼 속이고 내기 바둑을 하자고 했고 일부러 내기에서 졌어요. 서천군이 말을 정성들여 돌봐서 잘 키워놓으면 다시 내기 바둑으로 되찾을 목적이 있었지요. 노인은 말을 되찾을 때까지 말을 키우는 비용을 서천군에게 떠넘기는 잘못을 저질렀습니다. 그러므로 노인은 서천군에게 말을 키우느라 들인 말 먹이값과 인건비를 물어주어야 해요.

현재 우리나라의 법에 따르면 말은 누구의 것이 될까요?

함께 재판해 볼까요? 1차 내기 바둑에서 거지 노인이 일부러 졌지만 서천군은 그 사실을 모르고 이겨서 말을 차지했어요. 도박 계약은 무효이지만, 진 사람이 이미 물건을 건네주었다면 돌려달라고 요구할 수도 없습니다. 그렇다면 1차 내기 결과 말은 서천군의 소유가 됩니다. 2차 내기 바둑은 거지 노인의 사기입니다. 그래서 서천군이 바둑에서 졌다고 해도 도박으로 진 것이 아니라 피해자이므로 노인은 말을 돌려받을 수 없어요. 결국 서천군이 최종적으로 말의 소유자입니다. 이 재판은 어리숙한 사람이 사기꾼을 이긴 재판이 되겠네요.

17
나뭇잎 하나의 욕심

어느 산골에 °장돌뱅이를 하며 먹고 사는 두 친구가 있었어.
두 친구는 산에서 칡을 캐서 °°청올치로 베와 노끈도 만들고,
짚신도 삼았어.
그리고 그 물건들을 장에 가서 팔고는 했어.
명절을 앞두고 게으른 친구가
일을 하는 둥 마는 둥 하며 푸념했어.

"아이고, 여보게! 힘 안 들이고 돈 생기는 법 어디 없을까?"

"허허, 그런 말 말게! 남에게 빌어먹지 않고,
내 손으로 벌어먹는 게 얼마나 고마운 일인가?
어서 부지런히 만들게나!"

- **장돌뱅이**: 여러 장을 돌아다니면서 물건을 파는 장수
- **청올치**: 겉껍질을 벗겨 낸 칡덩굴의 속껍질

설 명절 하루 전날,
두 친구는 그동안 만든 물건을 등에 지고 장에 팔러 갔어.
그런데 게으른 친구는 해가 저물 때까지
물건을 한 개도 못 팔았는데,
부지런한 친구는 남김없이 다 팔게 되었지.

"여보게, 그게 다 뭔가?"
"응, 오늘 운이 좋았네. 물건을 다 팔아서
명절 쇨 음식과 아이들 옷 지을 옷감을 좀 샀다네.
아니, 그런데 자네는 왜 빈손인가?"
"에그, 말도 말게! 난 정말 지독히 운도 없었네.
웬일인지 내 것은 쳐다보지도 않지 뭔가?"
"저런! 안됐구먼. 그럼 내 것을 좀 나눠 줄 테니,
갖고 가서 설을 쇠게나."

친구는 자기가 산 설음식을 나눠 주었어.

"그만두게. 그것을 누구 코에 붙이겠나?"

게으른 친구는 자기 친구가 명절 꾸러미를
잔뜩 짊어지고 가는 것을 보자,
갑자기 욕심이 났어.
그래서 사람이 없는 산길에 접어들자
뒤에서 돌멩이로 친구를 쳤어.

"어이쿠!"

친구는 그 자리에 쓰러지고 말았고,
게으른 친구는 친구의 물건을 모두 자기 집으로 가져갔어.

'혹시 내가 제일 친한 친구니까, 날 의심하지 않을까?'
그날 밤 게으른 친구는 의심받지 않으려고,
죽은 친구의 집을 찾아갔어.

"옥랑 어멈! 옥랑 어멈, 잠드셨소? 옥랑 어멈!"
"뉘시오?"
"옥랑 아범, 아직 안 왔소?"
"아직 안 왔소."
"그 참 이상하다.
먼저 집에 간다고 한 사람이 왜 아직도 안 왔을까?
돌아올 때가 훨씬 지났는데……."

게으른 친구는 시치미를 뚝 떼고 돌아갔어.

"혹시 무슨 일이 생긴 게 아닐까?"

아내는 밤새워 기다렸지만,
남편이 돌아오지 않자,
걱정되어 장길을 따라가 보았어.
그런데 산길에 남편이 죽은 채 쓰러져 있는 것이었어.

"아이고, 여보! 이게 웬일이오!
당신처럼 착한 사람을 누가 해쳤단 말이오?"
아내는 아무리 생각해 보아도
남편을 죽일 만한 사람이 떠오르지 않았지.
발이 닳도록 다니며 수소문해 봐도,
그날 일어난 일을 본 사람도 없어 속만 태울 뿐이었어.

그래도 아내는 포기하지 않고
매일 도와 줄 사람을 찾아 떠돌아다녔어.

어느덧 일 년이 지나,
아내는 남편의 제사를 지내기 위해 음식을 장만하고 있었지.
그때 웬 나그네가 문을 두드렸어.

"계십니까?"
"뉘시오?"
"지나가는 길손인데, 날이 너무 추워 불 좀 쬐고 갈까 합니다.
괜찮으시겠습니까?"
"아이고, 추우실 텐데 어서 몸 좀 녹이고 가시지요."

아내는 길손에게 아궁이 불을 쬐게 하고는
한 상 가득 차려 주었어.

"아니, 웬 제사를 지내십니까?"

길손은 음식을 먹고 난 뒤 물었어.

"후유! 억울한 사연이 있지요. 일 년 전 오늘,
저희 남편이 설음식을 마련하려고 장에 물건을 팔러 갔습니다.
그런데 밤새워 기다려도 오지 않기에 나가 보니,
그만 산길에 쓰러져 있지 뭡니까?"

"저런! 정말 안됐군요.
 그런데 혹시 주위 사람 중에 짐작 가는 사람은 없는지요?"
"남편은 워낙 성품이 •올곧고 착해,
 남에게 원한 살 일도 없었습니다.
 그러니 범인 찾을 일도 막막해,
 아내 된 도리를 못 하는 것이 한입니다."
"그날 있었던 일을 자세히 말씀해 보십시오."
"글쎄, 별일은 없었고,
 그날 저녁 남편의 친구가 우리 집에 찾아왔었습니다."
"그래, 그 친구가 와서 뭐라고 하던가요?"
"그냥 '옥랑 어멈.' 하며 세 번이나 불러 제가 서둘러 나오니,
 '옥랑 아범, 아직 안 왔소?' 하고는 갔지요."

그러자 길손은 고개를 끄덕이며
말했어.

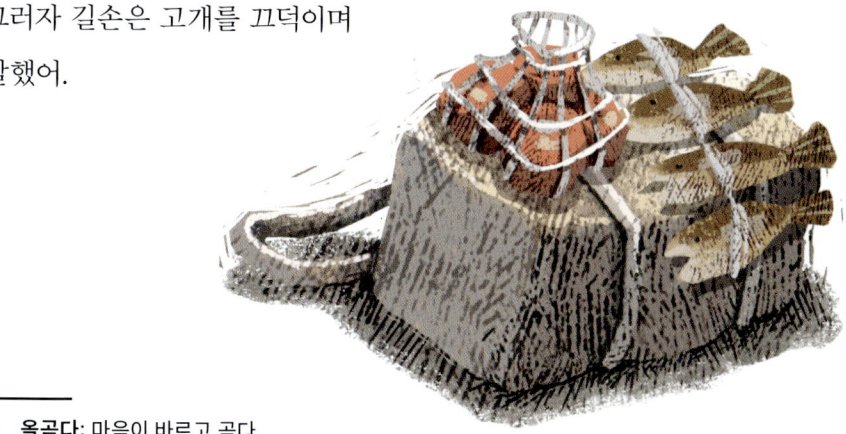

● **올곧다**: 마음이 바르고 곧다.

"흠! 이제야 범인을 잡을 수 있게 됐소.
내가 소장을 써 드릴 테니, 관가에 가져다 보이시오."

글을 모르는 아내는 무슨 뜻인지 몰랐지만,
그저 고맙게 여기며 관가로 달려갔지.
'한밤중에 찾아와 세 번씩이나 먼저 옥랑 어멈을
불렀으니, 이는 곧 그 집에 남자가 없음을
다 알고 있었다.'
그 글을 본 사또는 무릎을 쳤어.
사또는 즉시 친구를 잡아들여 *문초했어.

"일 년 전 오늘,
너는 왜 죽은 친구를 찾아갔느냐?"
"예, 그 친구가 장에 가서 물건을
 잘 팔았는지 궁금해서 찾아갔습니다."
"그럼 너는 네 친구가 집에 왔는지,
 안 왔는지 몰랐더냐?"
"예, 그렇습니다."

● 문초: 범죄 사실을 말하게 하려고 죄인을 심문함.

"네 이놈! 네가 *단근질을 당해야 실토하겠느냐?
친구를 찾아갔으면 당연히
'옥랑 아범'이라고 부르는 것이 당연한데,
왜 세 번씩이나 옥랑 어멈을 먼저 불렀느냐?
친구가 있고 없는 사실을 아는 자가 범인이다.
분명 네가 옥랑 아범이 집에 없다는 것을 알고 있었으니,
그의 아내를 부른 것 아니냐?"
"예? 아이고, 사또 나리! 죽을죄를 지었습니다."

결국 게으르고 욕심만 많은 친구는 죄를 자백하고 말았지.

"나뭇잎 하나로 눈을 가리면
태산처럼 큰 것을 볼 수 없는 법이다.
작은 욕심에 눈이 어두워 친구의 목숨까지 빼앗다니…….
참으로 안타까운 일이로다!"

그 후로 마을 사람들은 헛된 욕심이 생길 때마다
이 이야기를 기억했지.
그리고 더욱 열심히 일하며 살았대.

● **단근질**: 쇠를 불에 달구어 몸을 지지는 형벌

변호사가 되어 함께 해결하기

게으른 친구는 어떤 잘못을 저질렀나요? 용서받을 희망이 있을까요?

법률 측면에서 보면, 게으른 친구는 친구를 돌로 때려 죽게 했으므로 살인죄를 저질렀어요. 사람을 죽인 죄는 가장 중대한 범죄입니다. 우리 **형법**은 강도가 사람을 죽였을 때, 사형 또는 무기 징역의 무거운 벌을 받도록 정하고 있어요. 또한 친구의 물건을 불법적으로 가져간 행위는 **절도죄**에 해당합니다.

    도덕 측면에서 보면 착한 친구의 선의를 악용하고 배신한 행위는 매우 비난받을 만한 행동이지요. 그리고 범행의 결과가 중대하고, 친구에 대한 피해도 회복시켜주지 않았어요. 또한 게으른 친구는 끝까지 범행을 부인하며 반성하지 않아서 정상 참작을 해줄 수 없어요.

    법률적으로나 도덕적으로 큰 잘못을 저질렀기 때문에, 게으른 친구는 당연히 **강도 살인죄**로 엄중한 처벌을 받게 되고, 용서받을 가능성은 없어요.

범인이 아닌 가족이나 친구가 대신 처벌받을 수 있을까요?

범죄를 저지른 사람만이 형벌을 받으며, 그 부모나 아내, 친구 등 누구도 형사처벌을 대신 받을 수 없어요. 만약 재판 과정에서 실수로 무고한 사람이 처벌받았다 하더라도, 그 사실이 밝혀지면 실제로 범죄를 저지른 사람은 다시 처벌받게 됩니다.

부지런한 친구를 죽인 범인을 밝힐 수 있는 다른 방법은 없을까요?

게으른 친구는 부지런한 친구의 물건을 자기 집으로 가져갔으므로, 그의 집을 뒤지면 그 물건을 발견할 수 있어요. 그 후 그 물건을 어디에서 샀는지 확인해 보면, 그 물건을 판 사람은 게으른 친구가 아닌 부지런한 친구에게 팔았다고 사실대로 말할 것입니다. 부지런한 친구가 산 물건을 게으른 친구가 갖게 된 과정 등을 철저히 수사하면, 게으른 친구의 범행을 밝힐 수도 있지요.

오늘날에는 이 이야기의 피해자가 있던 사건 현장에서 사용된 돌멩이 등을 조사해요. 그래서 돌이나 주변 물건에 묻어 있는 지문과 혈흔 등을 채취하여 범인을 찾을 수 있어요. 국제 수준의 유전자감식과 지문 대조 등의 과학적 수사 방법으로 더욱 빠르고 정확하게 범인을 찾을 수 있어요.

18
망두석 곤장 때리기

어떤 착실한 비단 장수가 서울에 가서,
있는 돈 없는 돈 다 털어 비단 스물네 필을 샀어.

"곧 추석명절이니,
이번 장날에는 비단이 더 잘 팔릴 거야."

비단 장수는 비단을 지고 부자가 많은 마을로 향했어.
그런데 날씨는 더운데다,
다른 때보다 많은 비단을 지고 가자니 몹시 피곤했지.

"어휴, 더워! 이 나무 그늘에서 잠시 좀 쉬었다 가자."

비단 장수는 망두석 옆에 비단 짐을 내려놓고
소나무 그늘 밑에 앉았어.
그러다가 그만 스르르 잠이 들고 말았지.
그러다 얼마 지나 일어나 보니,
비단 한 짐이 온데간데없는 것이었어.

"아니, 이게 웬일이지?
분명히 내 비단을 이 망두석ㄴ 옆에 내려놓았는데…….
아이고, 이제 나는 어쩌면 좋다는 말인가!"

비단 장수는 눈앞이 캄캄하고 눈물이 펑펑 쏟아졌지.
그리고 관가에 찾아가 비단을 찾게 해 달라고 호소했어.

"그 비단이 아주 좋은 거라지?
이번 재판은 구경할 만할 거야."
"아무도 없는 길에서 잃어버린 비단을
어디 가서 찾을 수 있겠어?
아무리 슬기로운 사또라도 이번만은 별도리가 없을걸!"

이 마을 부자들은 사또가 과연 이 어려운 문제를 해결할까,
궁금하기도 하고 또 혹시 값비싼 비단을 찾게 되어
구경할 수 있을까, 해서 몰려들었어.
사또는 비단 장수에게 위엄 있게 물었어.

"그래, 네가 비단을 지고 오는 것을 본 사람이 있느냐?"
"한 사람도 없었습니다."
"그 비단을 잃어버린 곳에 아무도 없었느냐?"
"예, 망두석만 서 있었을 뿐 다른 것은 보이지 않았습니다."

그러자 갑자기 사또가
쩌렁쩌렁한 목소리로 명령을 내렸어.

"음! 그럼 그렇지. 여봐라,
어서 가서 그 망두석을 꽁꽁 묶어 잡아 오너라!"

구경 나온 사람들은 이 말을 듣고 눈이 휘둥그레졌어.

"원 세상에! 돌멩이를 붙잡아 재판하다니…….
별 괴상한 일도 다 있군."
"사또께서 혹시 실성하신 것 아냐?"

사또는 수군대는 소리에도 아랑곳하지 않고,
나졸들이 망두석을 잡아 오자 대문을 잠그게 하였어.
그리고 다시 엄숙하게 재판을 시작했지.

"망두석은 듣거라! 저 비단 장수가 비단 짐을 네 옆에
내려놓고 졸고 있을 때, 너는 어찌하여
눈만 빤히 뜬 채 구경만 하고 있었다는 말이냐?
너는 분명 비단 도둑을 보았을 터이니,
네가 본 대로 똑바로 말하렷다!"

사람들은 이 광경을 보고 어이가 없어 킥킥대며
간신히 웃음을 참았어.

"어찌 대답이 없느냐? 보아하니 네가 그 도둑과
짜고 한 것이라 말 못 하는 게 분명하구나.

여봐라! 저 망두석을 엎어 놓고 바른말을 할 때까지 매우 쳐라."

나졸들은 기가 막혔으나,
사또의 엄명이라 하는 수 없이 망두석의 볼기를 쳤어.
그러나 망두석은 멀쩡하고, 도리어 곤장이 뚝뚝 부러져 나갔지.

"본 죄인의 죄목은 도둑 은닉죄다.
 죄인에게 매를 듭니다. 한 대요. 에잇!"
"뚝, 우지끈!"
"죄를 뉘우치고 다시는 이런 죄를 짓지 말라! 두 대요. 에잇!"

"뚝, 우지끈!"
"법을 어긴 자, 법의 엄중함을 알라! 세 대요. 에잇!"
"뚝, 우지끈!"
"그래도 네가 바른대로 불지 않을 테냐?"

구경하던 사람들은 터져 나오는 웃음을
더 이상 참을 수가 없었어.

"와, 하하하. 깔깔깔……!"

그러자 사또가 낯빛을 바꾸며 벼락같이 호통을 쳤어.

"여봐라! 지금 저기 웃고 있는 자들을 모두 잡아
가두어라!"
"아니…?"
"백성의 억울한 사정을 듣고 해결하려는
엄숙한 재판을 비웃다니! 한 사람도
놓치면 안 될 것이다!"

그래서 구경하던 사람들은
꼼짝없이 옥에 갇히게 되었어.

망두석 곤장 때리기

그 소식을 들은 식구들은 놀라서 달려와, 사또에게 애걸하였어.

"사또 나리! 이제 곧 추석명절이니 못난 백성들의 죄를 용서해
 주시고, 은혜를 베푸시어 옥에 갇힌 사람들을 풀어 주십시오."
"비단 장수가 큰 손해를 입어 안타까워하고 있고,
 또한 도둑을 찾고자 온 힘을 다하고 있는 재판정에서,
 경솔하게 비웃는 태도를 보인 것은 용서할 수 없는 행동이다.
 마땅히 옥에 가두어 죄를 뉘우치게 하는 것이 당연하나,
 특별히 사정을 보아 비단 한 필씩 벌금으로 바친다면
 풀어 주겠노라."

그래서 식구들은 여기저기 수소문하여 얼른 비단을 사서 바쳤어.
사또는 비단 장수를 불러 가져오는 비단을 잘 살펴보라고 했지.

"비단 장수는 네가 잃어버린 비단과 똑같은지 잘 보아라."
"예, 사또 나리. 네 필이 모자랍니다만,
 모두 제가 잃어버린 것과 똑같습니다."

그러자 사또는 비단을 가져온 사람들을 불러 차례로 물었어.

"너희들은 이 비단을 어디서 구했느냐?"

"갑자기 비단을 구할 데가 없어 사방으로 알아보았지요.
그런데 마침 이웃 마을의 비단 가게에
비단이 많이 들어왔다 하여 거기서 샀습니다."

사람들은 한결같이 대답했어.

"여봐라! 당장 그 비단 가게 주인을 붙잡아오너라."

나졸들이 번개같이 비단 가게 주인을 잡아들이자,
사또는 으름장을 놓았어.

"네 이놈! 네가 훔친 비단이 모두
스물네 필이렷다! 나머지도 당장 내놓지 않으면
더 큰 벌을 면치 못할 것이다."
"아이고, 사또 나리! 죽을죄를 지었습니다.
비단과 돈을 모두 돌려드릴 테니, 목숨만 살려 주십시오."

비단 가게 주인은 자기가
감쪽같이 저지른 일을 어찌 알았을까 기겁했지.
그래서 납작 엎드려 손이 발이 되도록
빌고 또 빌었어.

그리고 나머지 비단과 구경꾼들이 준 비단값까지
도로 내놓았어.
사또는 구경꾼들에게 큰 소리로 말했어.

"모두 도둑을 잡느라 수고했소!
비단값은 다시 찾아가시오."
"과연!"

마을 사람들은 그제야 사또가
망두석을 잡아 곤장을 친 이유를 알게 되어 무릎을 쳤어.
비단 장수는 비단 한 짐을 다 팔아 잘 살았고,
사또는 더욱 존경받게 되었지.
듬뿍 곤장을 맞고 혼이 난 비단 가게 주인은,
그 후로 남의 물건만 보면
망두석처럼 못 본 척했다고 해.

변호사가 되어 함께 해결하기

법정에서 방청객이 큰소리로 웃거나 소리치면 어떤 벌을 받을까요?

재판장은 법정 소란행위를 한 사람들에 대하여 법정 밖으로 나가라고 명하거나 20일 이내의 감치, 100만 원 이하의 과태료를 물도록 할 수 있어요. 법정에서 휴대전화를 끄라는 재판장의 지시에도 재판 진행 중에 휴대전화를 울리게 해 감치 명령을 받은 방청객이 가끔 언론에 보도되기도 하지요. **감치**란 과거로 치면 옥에 가두는 것과 같아요. 따라서 사또의 재판을 구경하면서 크게 웃어 재판을 방해한 구경꾼들은, 지금의 법대로라도 옥에 들어가거나 국가에 벌금을 내야 해요.

소란의 정도를 넘어 형법을 어기게 되면 더 큰 벌을 받게 되는데, 우산을 던지며 재판부를 협박한 사람이 **특수공무집행방해죄**로 징역형을 받은 일도 있어요. 국민은 법정 질서를 지켜야 할 의무가 있어요. 재판받거나 구경할 때는 조용하고 엄숙한 태도로 있어야 하고, 법정의 질서를 유지하기 위한 재판장의 지시에 잘 따라야 해요.

형벌을 누구에게 내릴 수 있을까요?

형벌은 사람과 법인이라는 조직체에 내릴 수 있어요. 사람 중에도 판단력이 미성숙한 어린이나 정신병력자에게는 형벌을 내릴 수 없어요. 주식회사 같은 법인에는 **벌금형**만 선고할 수 있습니다. 주식회사를 교도소에 가둘 수 없으므로 **징역형**을 선고할 수 없어요. 그렇다면 눈치챘듯이, 동물이나 식물에게 형벌을 내릴 수 없어요. 무생물인 망두석은 더욱 처벌 대상이 안 됩니다.

개는 처벌받지 않는다고 했어요. 그런데 개가 사람을 물거나 망두석이 쓰러져 남을 다치게 하면 누구를 벌할까요?

상해를 입힌 개는 처벌을 받지 않지만, 개를 관리하는 사람이 부주의했다는 사실이 인정되면 개의 관리자가 처벌받아요. 망두석도 처벌받지 않지만, 망두석을 관리하는 사람이 지반이 약한 곳에 설치하는 등 잘못이 있다고 인정되면 그 관리자가 처벌받아요.

19
달빛을 산
어리석은 사또

어느 고을에 낫 놓고 기역 자도 모르는 새 사또가 부임했어.
나라에 공을 세운 아버지 덕에 어쩌다가
벼슬 한자리 얻게 되었지.
그런데 사또는 부임하자마자 날마다 잔치만 벌이며
*만냥판이었어.
게다가 아전들은 사또의 비위를 맞추느라 같이
**덩더꿍 흥청망청하니, 백성들은 한숨만 늘었지.
그러던 어느 날, 사또는 밤하늘을 바라보다가
고개를 갸웃거렸어.
그리고 갑자기 그 고을의 스님을 불렀어.

- **만냥판**: 떡 벌어지게 호화로운 판국
- **덩더꿍**: 함께 덩달아 덤비는 꼴

"내가 이곳에 온 지도 며칠이 지났는데,
어째서 달이 보이지 않는 것이오?"
"예에? 그야 그동안 비가 와서 달이 보이지 않았고
오늘은 그믐날이기 때문이지요."

음력으로 한 달의 마지막 날인 그믐날이니,
달이 보이지 않는 것은 너무도 당연한 일이었어.
그러나 어리석은 사또는 그 말뜻을 몰라 다시 물었어.

"아무리 그래도 그렇지!
이런 잔치에 달이 없으니, 어디 흥이 나야 말이지!"

스님은 사또가 배고픈 백성들은 돌보지 않고
밤낮 잔치만 벌이는 것이 기막혔어.
그런데 엉뚱한 소리까지 하니 어이없었지.
'후유! 이런 사또를 믿고 허리가 꼬부라지도록
일한 것을 바치는 백성들만 불쌍하구나.'
스님은 백성을 도울 한 가지 꾀를 내었지.

"이곳에 새로 오셔서 아직 못 들으신 모양인데,
사또의 정성이 부족하여 달이 빛나지 않는 것입니다."

"정성이라니? 무슨 정성 말인가?"
"부처님께 공양을 드려야지요."
"얼마나 드려야 되는 거지?"
"은 오십 냥이면 될 것입니다."

사또는 사람을 불러 스님에게 은 오십 냥을 주었어.
며칠이 지나자, 하늘에는 실처럼 가는 달이 나타났어.
잔치를 벌이던 사또는 다시 스님을 불렀어.

"스님이 말씀하신 대로 공양을 드렸는데,
달이 왜 저렇게 작은 것이오?"
"부처님께서 돈이 너무 적답니다."
"그러면 얼마나 더 내야 하는가?"
"은 백 냥이면 될 것입니다."

사또는 다시 스님에게 은 백 냥을 주었어.
며칠이 지나자, 하늘에 더 크고 빛나는 달이 보였어.
하지만 보름달은 아니었어. 사또는 또다시 스님을 불렀지.

"왜 아직도 둥근 달을 볼 수 없는 것인가?"
"그건 아직도 정성이 부족하기 때문입니다."
"얼마나 더 내야 하는가?"
"은 천 냥이면 될 것입니다."

사또는 스님의 말대로 은 천 냥을 마련해 주었고,
스님은 그 돈을 가난한 백성들에게 나눠 주었어.
얼마 후, 음력 보름날이 되자 하늘에는 크고 둥근 달이 떴지.

"정말 이번에는 둥근 달이 떴구나!
역시 돈을 많이 바치니 달도 더 밝아지는군.
이제야 잔치에 흥이 나는구나."

사또는 기뻐하며 밤새 달구경을 하며 덩실덩실 춤을 추었고
그 후 달이 안 보일 때마다 공양 돈을 바쳤대.

변호사가 되어 함께 해결하기

너무 무능한 사또를 물러나게 할 방법은 없을까요?

조선시대에 사또가 무능하여 제 역할을 제대로 수행하지 못하면, 백성들의 고충이 해결되지 않거나 부당한 판결이 내려질 수 있었어요. 이러한 경우, 백성들은 상소를 통해 사헌부나 사간원 같은 중앙 관청에 알릴 수 있었고, 그 결과 사또는 **탄핵**되거나 해임, 처벌을 받을 수 있었어요.

사또는 현대의 시장이나 군수에 해당하는 벼슬이었습니다. 현재 우리나라에서는 지방자치단체장과 지방의회 의원을 대상으로 **국민소환투표**를 할 수 있으며, 무능한 시장이나 군수는 유권자 3분의 1 이상이 투표에 참가해 과반수 찬성을 얻으면 물러나게 할 수 있어요. 이때 소환 사유는 따로 묻지 않습니다.

종교단체에서 헌금을 받거나, 점을 쳐주고 돈을 받는 행동이 어떤 경우에는 법에 어긋나지 않고, 어떤 경우에는 어긋날까요?

종교단체가 적은 액수의 헌금을 받는 것은, 헌법에 보장된 종교활동의 자유입니다. 그러나 사람들의 불안이나 고통을 이용하여 거짓말이나 속임수를 써서 헌금을 요구하거나 재산을 갈취하는 것은 종교의 자유를 넘어선 불법행위예요.

무속인이 점을 치거나 굿을 하면서 적당한 돈을 받는 것도 원칙적

으로 아무런 문제가 없어요. 그러나 돈을 내면 복을 받고 재앙이 사라진다는 이유로, 지나치게 많은 돈을 받는 것은 사기 행위가 될 수 있어요. 실제로 굿을 하면 재수가 좋아져 많은 돈을 벌 수 있다며 굿을 한 번 하는데 몇천만 원씩 받아 수억 원을 받은 사람도 있어요. 또 종교 단체에서 전 재산을 헌납하면 죽은 다음 천국에 간다며 신도들로부터 전 재산을 넘겨받은 사람도 있지요. 이 같은 경우 법원은 **사기죄**를 인정하였어요. 그래서 꾐에 빠져 많은 돈을 내거나 전 재산을 헌납한 사람은 그것을 되찾을 수 있어요.

이 이야기에서 스님의 행동은 정당한 것일까요, 그렇지 않을까요?

부처님께 공양을 하면 달빛이 생기거나 달이 커진다는 말은 거짓말입니다. 스님은 거짓말로 사또에게서 나라의 재산을 받아냈으니, 이는 사기에 해당합니다. 따라서 그 돈을 가난한 사람들에게 나누어 주었더라도, 스님의 행동은 범죄일 뿐입니다. 홍길동이나 로빈 후드처럼 가난한 사람을 돕는 의적들의 이야기는 통쾌하게 들릴 수 있습니다. 그 당시에는 법과 원칙이 제대로 지켜지지 않았기 때문에 정의를 실현하기 위한 어쩔 수 없는 선택이었을지 모릅니다. 그러나 민주주의 국가에서는 의적의 행동이 **법치주의**를 훼손하는 범죄로 간주되므로, 이를 따라 해서는 안 됩니다.

20
권세에 굽히지 않는 판결

임금님의 병을 고친 덕에 몹시 총애받는 °어의가 있었어.
어의는 임금님의 권세를 믿고 거들먹거리며
마구 횡포를 부렸어.

"아무리 임금님께서 총애하신다 해도, 저렇게 거만하게 굴다니!"
"그뿐인가? 툭하면 백성들을 괴롭히니
백성들의 원성이 이만저만이 아니라네!"

조정의 신하들이나 백성들은 모두
그의 행동에 눈살을 찌푸렸어.
그러던 어느 해, 어의는 자기 권세를 과시하기 위해
부모의 무덤을 옮기려고 했어.

● 어의: 임금의 병을 다스리던 의원

그래서 서울의 서문 밖에 있는 넓은 땅을 사들였는데,
무덤 자리 아래에는 오래된 민가 수십 가구가 있었어.

"흠, 이곳은 내 조상님의 무덤 자리 밑이니,
시월 추수가 끝나면 모두 집을 비워라.
집값은 모두 치러 주겠다."
"죽은 제 조상 묫자리 때문에 산 사람을 내쫓다니!"

백성들은 어의의 횡포에 화가 났지만,
그의 말을 듣지 않았다가 곤욕을 치른 사람이 한둘이 아니었어.
그래서 울며 겨자 먹기로 허락하였고 어의는 헐값으로
집을 사들였지. 그런데 그해 큰 흉년이 들었어.
백성들은 가을이 되었는데도
추수하지 못해
이사할 돈이 없었어.
그래서 백성들은
어의에게 사정했어.

"나리! 지독한 흉년으로 이사할 형편이 못 되오니,
조금만 말미를 주십시오."

그러나 어의는 냉정하게 거절했어.

"이미 내가 돈을 주고 샀으니,
약속대로 당장 나가지 않으면 모두 고소하겠다."

결국 어의는 백성들을 쫓아내 달라고 고소했고,
지금의 서울 시장 격인 한성 판윤이 재판하게 되었어.

그런데 그 한성 판윤은 권세에 굴하지 않고
바르게 재판하는 사람이었지.

"이미 땅을 사들였기에 법적으로는 쫓아낼 수가 있다.
하지만 무덤 자리는 민가와 떨어져 있으므로,
당장 이사하지 않아도 무덤을 옮기는 데 불편이 없다.
더구나 지금 백성들을 쫓아낸다면,
굶주림과 추위로 모두 죽게 될 것이니 허락할 수 없다!"

어의는 제 뜻대로 되지 않자 임금님께 간청하였어.
어의를 특별하게 생각한 임금님은 *승지를 시켜
은근히 지시했어.

"다시 어의의 고소가 들어오거든, 그의 말대로 해주도록 하라!"

그러나 한성 판윤은 여전히 굽히지 않고
이전과 똑같이 판결했어.

"나는 판윤이 해야 할 도리를 다하겠다."

● **승지**: 조선 왕조 때 왕이 내린 명령을 관리하던 왕의 비서

임금님은 크게 노하여 승지를 불러들이고
일이 잘못된 것을 꾸짖었어.
그러자 승지는 다시 한성 판윤에게 말했지.

"임금님께서 이번 일로 노여움이 크시니,
이러다 대감이 위태로워지실까 걱정입니다."

한성 판윤을 아끼는 친구들도 모두 몰려와 충고했어.

"제발 자네와 가족을 생각해서 눈 한 번 딱 감게!
이 일로 임금님께서 더욱 진노하시면 큰 화가 미칠 것이네."

그러나 한성 판윤은 조금도 흔들리지 않았어. .

"어의는 자기 욕심을 채우려고
임금님까지 움직였으니 그 죄가 크다.
또한 그 권세를 믿고 백성들에게 집을 헐값에
팔도록 강요했으니, 그 죄 또한 가볍지 않다.
나는 임금님의 명을 거역한 죄로 큰 벌을 받을지언정
죄 없는 백성들을 길거리로 내쫓아 죽게 할 수는 없다."

어의가 다시 고소해도 한성 판윤은 변함없이 판결했어.
사람들은 그의 앞날을 걱정했어.

"쯧쯧, 아까운 인재 하나 잃게 됐군!"

그러나 며칠이 지난 후, 임금님은 승지를 불러 말했지.

"내가 가만히 생각해 보니, 한성 판윤의 행동이 옳았구나.
그는 보통 인물이 아니다.
누구라도 자기의 목숨이 위태로워지면,
그렇게 소신 있게 행동하기 어려울 것이다."

그 후 어의는 제멋대로 하지 못했고,
백성들은 한성 판윤과 임금님을 더욱 존경하게 되었대.

변호사가 되어 함께 해결하기

어의에게 집을 판 백성들은 반드시 이사해야 할까요?
이사하지 않아도 되는 이유가 있다면 무엇일까요?

어의와 무덤 자리 아래에 살던 백성들 사이에서 자유롭게 집을 사고파는 계약이 이루어졌다면, 백성들은 이사해야 해요. 하지만 어의가 권세를 부려 마지못해 집을 팔게 되었다면, 백성들은 어의에게 집을 판 계약을 취소할 수 있어요. 어의가 싼값에 집을 팔도록 강요했기 때문에 그 계약을 취소할 수 있습니다. 그래서 집값으로 받은 돈을 돌려주는 대신 이사하지 않아도 돼요.

어의는 어떤 잘못을 하였나요?

어의가 임금님과의 친분을 이용해 백성들에게 부당한 압력을 행사한 것은 **권력 남용**에 해당합니다. 주민들이 원하지 않는데 이사를 강요한 것은, 헌법이 보장하는 거주·이전의 자유를 침해한 것이지요. 주민들은 어의를 **강요죄, 권리행사방해죄** 등으로 고소하거나, **민사상 손해배상**을 청구할 수 있습니다.

어의가 백성들에게 집을 비워달라고 할 수 있을까요?

어의가 백성들을 상대로 집을 비워 달라는 재판을 신청할 수 있지만 이길 가능성은 없어요. **권력 남용**과 강요에 의한 계약, 흉년으로 인한 사정변경이라는 중대한 이유가 있어서 이 재판은 주민들의 권리를 보호하는 방향으로 해결되어야 하기 때문입니다.

재판에서 진 사람이 이긴 사람을 상대로 똑같은 내용의 재판을 다시 청구할 수 있을까요?

어의가 소송을 했다가 지면 상급법원에 항소나 상고할 수 있어요. 그래서 최종적으로 판결이 확정될 때까지 3번 재판을 받을 수 있습니다. 그러나 재판 진행 중에 똑같은 소송을 다시 제기하거나, 재판이 확정된 후 같은 소송을 제기하는 것은 허용하지 않아요. 그 이유는 어떤 소송에서 지고도, 같은 이유로 똑같은 내용의 재판을 받을 수 있다면, 소송이 걷잡을 수 없이 늘어나고 반복되기 때문입니다. 또한 상대방은 평생 재판에 끌려다니는 어처구니없는 일이 생기겠지요.